總之，你們都是儒！

儒釋道興盛與衰亡

唯道是從×生殖崇拜×帝師制度×排教浪潮，
從學說思想到各朝教派，讀懂百家到底爭什麼

杜昱青，聞明，張林 編著

儒家學說 × 道教思想 × 宗教文化

從儒家禮治到老莊思想，從靈魂崇拜到南京教案，

一本書為你道盡東方哲學的發展與演變

目錄

目錄

目錄

第一章　儒家學說

古典儒學

古典儒學是儒家初創時期形成的理論形態。春秋時期孔子創立的學說，戰國時期孟子、荀子對孔子學說的發展，秦末漢初《易傳》、《中庸》、《大學》對孔子學說的闡發，這些都屬於古典儒學的範圍。古典儒學奠立儒家的理論基礎，形成基本思想和學術風格。它在百家爭鳴中不斷擴大自己的陣地，很快發展成為舉足輕重的顯學。

孔子是儒家的開山祖師。孔子名丘，字仲尼，魯國陬邑（今山東曲阜）人。他的祖先是宋國的貴族，避難遷到魯國。孔子在三歲的時候，年邁的父親叔梁紇就去世了，他在年輕的母親顏徵在的扶養下長大成人。魯國原是周公的封地，是周公制禮作樂的地方。孔子在濃厚的禮樂文化的氛圍中長大，從小就接受傳統意識的薰陶。據《史記·孔子世家》記載，「孔子為兒嬉戲，常陳俎豆，設禮容。」孔子十七歲時母親也去世了，他不得不獨自謀生、學習和奮鬥。他自述：「吾少也賤，故多能鄙事。」他勤學好問，刻苦努力，掌握了禮、樂、射、御、書、數等方面的知識。孔子五十一歲時才踏上仕途，在魯國先後擔任過中都宰、司空、司寇等職。時僅四年，便因為與當權的季氏發生矛盾，棄官離魯，開始周遊列國，但終不見用。晚年回到魯國，從事教育和文獻整理工作，孔子是打破「學在官府」局面，開創「私學」的第一人。他的弟子有三千多人，其中「賢人七十二」。孔子刪《詩》、《書》，編《春秋》，鑽研《易》、《樂》、《禮》，集以往文化思想之大成，創立了儒家學派。他的言論和事跡保存在《論語》和先秦其他典籍中。

孔子的思想體系以禮為出發點。他認為禮治是社會得以安定的必要保障，唯有實行禮治才能建立「天下有道」的社會秩序。他說：「天下有道，則禮樂征伐自天子出；天下無道，則禮樂征伐自諸侯出。」他認為春秋時期社會之所以動盪不已，其根本孔子像原因就是「禮崩樂壞」，因此要使社會由亂變治，就必須恢復禮治。他明確表示：「鬱鬱乎文哉，吾從周。」、「從周」也就是恢復周朝禮治，而恢復周禮首要的一條就是正名。孔子在衛國時，子路問他：「衛君待子而為政，子將奚先？」他直截了當地回答：「必也正名乎！」所謂正名，也就是「君君，臣臣，父父，子子」，每個社會成員都按照自己的等級名分盡義務，作君主的要像君的樣子，作臣子的要像臣的樣子，做父親的要像父的樣子，作兒子的要像兒的樣子。否則，「名不正則言不順，言不順則事不成，事不成則禮樂不興，禮樂不興則刑罰不中，刑罰不中則民無所措手足。」總之，正名是治理國家的首要環節。

復禮、從周、正名等主張反映出孔子思想帶有濃厚的傳統色彩，但他並不抱殘守缺。他一面維護傳統，一面超越傳統。這表現在他從新的視角看待禮治，對周禮作了損益。他認為禮是禮儀條文的總匯，不是一套死板的規定。「禮云禮云，玉帛孔子出生圖云乎哉？」當然不是。禮作為形式來說，是要表現深刻內容的，這個內容就是「仁」。孔子認為仁是禮的實質，復禮是行仁的手段。他說：「克己復禮為仁。一日克己復禮，天下歸仁焉。」這樣，孔子便從「禮」這一傳統觀念中引申出「仁」這一新的觀念。

孔子大成殿在《論語》中，仁字出現了一百〇九次之多，可見仁在孔子思想體系中占有重要地位。「樊遲問仁，子曰：愛人。」在孔子關於仁的種種說法中，這一條最精闢。所謂愛人，也就是主張把他人當作自己的同類來看待，這是一種原始的人道主義思想。孔子在一定程度上突破了狹隘的宗法血緣觀念，發現了人的類存在。他承認每個人都有獨立的人格，強調道德意識是人普遍具有的特質。因此，他主張用仁愛原則協調人際關係，實行「忠恕之道」。所謂忠恕之道，從消極的方面來說，應當做到「己所不欲，勿施於人」；從積極的方面來說，應當做到「己欲立而立人，己欲達而達人。」人在躬行仁道的道德實踐中，實現人的價值，成就理想人格。孔子心目中的理想人格就是聖賢、君子。如果說禮是孔子學說體系的出發點，那麼，仁才是這一體系的核心和實質。

夫子洞遺址在孔子思想體系中，仁與禮是兩個最基本的範疇。一方面，仁受禮的制約，行仁不能超出禮規定的範圍。孔子不贊成沒有差等的仁愛，因為這將模糊上下尊卑的等級名分界限。另一方面，仁又規定著禮，只有與仁緊密結合的禮才是合理的。有些陳規陋習雖有禮儀方面的根據，如殺殉、專橫、暴斂等，在孔子看來也是非禮之舉。孔子把仁與禮相統一的最佳狀態稱之為「中庸」。他說：「中庸之為德也，其至矣乎？民鮮久矣。」中庸既是理想的道德境界，又是一種方法論原則。中有中正、中和的意思，庸是用的意思，合起來說，中庸也就是「用中」，即反對「過」和「不及」兩種片面性，「允執其中。」孔子在評論他的兩個學生時說；「師也過，商也不及」。結論是「過猶不及」，因為無論是「過」還是「不及」都離開了中道。這也就是說，只有排除極端，維繫矛盾雙方的和諧、統一和平衡，才算達到了中庸。他還指出，禮是衡量中庸與否的具體尺度。他說：「禮乎禮，夫禮所以制中也。」這樣，孔子便把「禮」、「仁」、「中庸」連結為一個有機的整體。這也就是孔學的基本框架。

孔子認為，「禮」、「仁」、「中庸」等觀念的形成，需經過長期的學習和實踐。他經常教導自己的學生說：「不學禮，無以立。」、「君子學道則愛人，小人學道則易使。」孔子學而不厭，誨人不倦，既是一位淵博的學者，又是一位偉大的教育家。他提出的「學而不思則罔，思而不學則殆」、「學而時習之」、「溫故而知新」、「不恥下問」等名言雋句，被後世學者視為座右銘。他創立的因材施教、啟發式教學法，至今仍有實用價值。

孔子的學說體系以人道為重點，對於天道談得不多。他的學生子貢說：「夫子之文章，可得而聞也，夫子之言性與天道，不可得而聞也。」孔子沒有明確否認傳統的天命觀念，他在不得志的時候，曾發出這樣的感慨：「道之將行也歟，命也；道之將廢也歟，命也。」但他並沒有把天看成有意志的人格神。他說：「天何言哉？四時孟子像行焉，百物生焉，天何言哉？」他把天描繪為四時交遞、萬物繁衍的自然過程，一點也沒有神祕色彩。對於鬼神，孔子則抱著敬而遠之，存而不論的態度。學生向他請教神鬼方面的問題，他含糊其辭地回答：「未能事人，焉能事鬼？」

在他看來，現實的此岸世界比虛幻的彼岸世界重要得多。孔子雖然沒有明確地提出無神論觀點，但也表現出相當鮮明的理性精神。這就在天命鬼神觀上打開了一個缺口，對後世無神論思想的發展產生了影響。

戰國時期，儒家學派開始分化。據《韓非子·顯學》記載：「自孔子之死也，有子張之儒，有子思之儒，有顏氏之儒，有孟氏之儒，有漆雕氏之儒，有仲良氏之儒，有孫氏之儒，有樂正氏之儒。」在這八派中，以孟軻為首的「孟氏之儒」和以荀況為首的「孫氏之儒」在理論上的貢獻較大。

孟子繼承孔子仁的思想，進而提出仁政學說、性善論和「盡心、知性、知天」的哲學思想。孟子，名軻，字子輿，鄒國（今山東鄒縣）人。他是魯國貴族孟孫氏的後裔。父早亡，由母親仉氏扶養成人。他就學於孔子的四世孫孔伋（字子思）的門人，自稱「得聖人之傳」，表示「乃所願，則學孔子也。」他的經歷也與孔子相似。中年時期曾周遊列國，宣傳自己的政治主張，一度任齊國的客卿，並未得到重用。在法家思想大行於世的情況下，孟子行仁政的主張顯得「迂遠而闊於事情」，得不到諸侯們的賞識。孟子拒楊墨，斥法家，極力維護儒家學說，以好辯著稱。晚年專門從事著述講學，「與萬章之徒，序詩書，述仲尼之意，作《孟子》七篇。」

孔子曾提出「為政以德」的原則，孟子在此基礎上發展成為系統的仁政學說。孟子同孔子一樣，也主張從道德教亞聖廟化人手解決治理國家、統一天下等政治問題。孟子行仁政的主張是在比較王道與霸道兩種對立的統治策略之後形成的。他指出，王道的特點是以德服人，霸道的特點是以力服人。這兩種策略會收到不同的效果：「以力服人者，非心服也，力不贍也；以德服人者，中心悅而誠服也。」因此，採納王道、實行仁政才能贏得人民的擁護，得到長治久安。

孟子強調，行仁政首先應當從經濟上人手。他說：「仁政必自經界始。」所謂「正經界」，也就是劃分土地，實行井田制，使每個農民都有一份固定經營的田產。「是故明君制民之產，必使仰足以事父母，俯足以畜妻子，樂歲終身飽，凶年免於死亡。然後驅而之善，故民之從之也輕。」只有讓每個農民都有一份固定經營的田產，他們十分衷心地擁護仁政，安居樂業，孟子把這叫做「有恆產者有恆心」。「民之為道也，有恆產者有恆心，無恆產者無恆心。苟無恆心，放闢邪侈，無不為已。」如果勞動者連最起碼的生存條件都得不到保障，他們必然會起來造反。孟子是最早論及土地問題和政治關係的儒家學者，他把這一問題的解決看成是行仁政的首要條件。

孟子像在孟子的仁政主張中，貫穿著以民為本的原則。他很重視民眾在政治生活中的作用，提出「民為貴，社稷次之，君為輕，是故得乎丘民而為天子」的著名論斷。他認為民眾是政權得以鞏固的根基，最為重要，所以說「民為貴」；作為政權象徵的社稷相對來說倒是第二位的，所以說「次之」；而有了穩固的政權，君主的位置才是牢固的，所以說「君為輕」。孟子這樣處理民、社稷、君主三者之間的關係，當然不是貶低君主的權威，而是強調民心的向背乃是政權存亡之所繫，提醒君主注意爭取民心。這種民本主義思想儘管沒有達到民權或民主的高度，但的確是高瞻遠矚的精緻設計，對於協調統治者與被統治者之間的關係，對於保持政局的穩定和社會的安寧具有指導意義。

孟子的仁政主張以性善論為理論支柱。他指出：「先王有不忍人之心，斯有不忍人之政矣。以不忍人之心行不忍人之政，治天下可運於掌上。」「不忍人之心」也就是善心、良心。善心、良心不僅先王有，而且每個人都有。人生來就有向善的能力，孟子把這叫做「良能」；運用這種能力自然會作出正確的道德判斷，孟子把這叫做「良知」。「人之所不學而能者，其良能也；所不慮而知者，其良知也。」具體地說，良知良能就是惻隱之心、羞惡之心、恭敬之心、是非之心「四端」。這

「四端」即是仁、義、禮、智道德觀念的萌芽，所以孟子斷言：「仁、義、禮、智非由外鑠我也，我固有之也」。

孟子認為人性善是人與動物的本質區別。正因為人性善，所以「人皆可以為堯舜。」但這是一種理論上的可能性，實際上並非如此。這是由於每人保留善性的程度不一樣，有著「存之」和「去之」的差異，因而也就形成了君子與庶民之間在人格上的差別。因此，孟《孟子》書影子強調心性修養的必要性，主張對庶民進行教化，使他們逐步恢復已失掉的善性。孟子還指出，「養心莫善於寡欲」，只有減少物質欲望對道德本性的侵害，才能逐步地「求其放心」，達到人格上的自我完善。

孟子的性善論把人的道德意識看成先驗的觀念，這種理論的提出表明人類對自身認識的開始。孟子的性善論強調，人性首先應當是人的社會屬性，而不是人的自然屬性。他不贊成告子的「食色，性也」的自然人性論，認為這種理論沒有把人與動物區別開來，忽略了人的社會屬性。孟子的性善論突出人的基本性，鼓勵人們追求完善的人性，帶有理想主義色彩，確立了儒家特有的價值取向。

孟子從性善論出發看待天人關係，提出「盡心、知性、知天」的哲學思想。孟子將傳統天命觀中人格神意義上的天改鑄為倫理學意義上的「義理之天」，賦予天道德屬性。他認為人所具有的仁義忠信等善良的品格都來自天，「仁義忠信，樂善不倦，此天爵也。」、「仁，天之尊爵也。」（《孟子．公孫丑上》）天具有仁義等善性，人性善其實來自天性善。在性善這一點上，天人合一。他指出，只要誠心誠意地擴充人生來就有的善心，就可以了解到人的本性，了解了人自身善的本性也就是了解到天的本性。這就叫做「盡其心者，知其性也；知其性也，則知天矣。」他把「上下與天地同流」，「萬物皆備於我」當作道德修養的最高境界，只有進入這種境界，才是人生的最大快樂，「反身而誠，樂莫大焉。」孟子這種天人合一的思想奠定了儒家「道德形上學」的基礎，為後儒重視並加以發展。

荀子繼承孔子「禮」的思想，進一步提出禮法並重、性惡論和「明於天人之分」的哲學思想。荀子名況，字卿，又稱孫卿，趙國郇（今山西臨猗）人。早年遊學於齊國，在著名的稷下學宮多年治學，「三為祭酒，最為老師」，長期擔任學宮的領袖。他打破了「儒者不人秦」的先例，曾到秦國實地考察訪問。他對軍事也有興趣，曾在趙國趙孝成王殿前同楚將臨武君議兵。在晚年荀況受楚相春申君之聘任蘭陵（今山東蒼山縣）令。「春申君死而荀卿廢，因家蘭陵。……著數萬言而卒，因葬蘭陵。」他留下《荀子》一書，共三十二篇。其中除少數為弟子所記外，大部出自他的手筆。

孔子已對周禮作了修改，荀子在這條路上走得更遠。他從人的類本性的角度揭示禮的起源。人的氣力不如牛大，奔跑不如馬快，但人卻可以駕馭牛馬，這是為什麼呢？荀子認為這是因為人能夠結成社會群體。人之所以能結成群體，是因為人類創造了一套用來協調人際關係的禮義制度。「故義以分則和，和則一，一則多力，多力則強，強則勝物。」正因為人類創造了禮義制度，所以才取得「最為天下貴」的地位。他分析說，禮義的作用是「養人之欲，給人之求」，即協調各個社會階層之間的利益關係。他給禮下的定義是：「禮者，貴賤有等，長幼有差，貧富輕重皆有稱也。」荀子所說的「禮」其實是指君臣父子各守其位的封建等級制度。但是，荀子並不主張實行世卿世祿制。他明確提出：「雖王公大夫之子孫也，不能屬於禮義，則歸之庶人。雖庶人之子孫也，積文學，正身行，能屬於禮義，則歸之卿相士大夫。」荀子的這一主張後來透過科舉制度得以實現。

荀子對儒家禮治思想的另一重大發展是重新解釋禮法關係。他認為禮與法不是互不相容的對立關係，而是相輔相成的互補關係。他說：「禮者，法之大分也，類之綱紀也。」在荀子看來，禮不僅僅是道德規範，它本身就具有強制的約束力。從這個意義上說，禮也就是廣義的法。荀子指出，禮與法都是維繫社會群體不可缺少的手段，提出「隆禮尊賢而王，重法愛民而霸」的政治學原理。他不同意孟子尊王賤霸的觀點，主張王霸雜用，禮法雙行。「粹而王，駁而霸，無一焉而亡。」（《荀子．強國》）荀子作為儒家大師，當然不是把禮法無原則地並列起來。他的王霸雜用主張其實是以王道為主、以霸道為輔。荀子的這一思想實際上為封建社會統治者採納。漢宣帝曾直言不諱地說：「漢家自有制度，本以霸王道雜之。」（《漢書．元帝紀》）荀子王霸雜用、禮法雙行的主張以性惡論為理論依據。他說：「古者聖人以人之性惡，以為偏險而不正，悖亂而不治，故為之立君上之勢以臨之，明禮義以化之，起法正以治之，重刑罰以禁之，使天下皆出於治，合於善也。」荀子所說的「性」是指人所具有的一般的生物屬性。他認為，如果對此不加限制，任其自然發展，便會表現為貪欲：「目好色，耳好聲，口好味，心好利，骨體膚理好愉佚。」荀子由此得出「人性惡」的結論。正因為人性惡，所以才有設置禮義，對人性加以改造的必要。

荀子像荀子主張把「性」與「偽」區別開來。他說：「不可學不可事，而在天者，謂之性；可學而能，可事而成之在人者，謂之偽：是性偽之分也。」性是先天具有的素質，偽是後天學習的結果。他所說的「偽」，是指學習禮義制度對人性加以改造。荀子雖強調性偽之分，但並不否認二者的相容性。他指出：「性者，本始材樸也，偽者，文理隆盛也。無性則偽之無所加；無偽則性不能自美。」他認為「化性起偽」是通向理想人格的唯一途徑，只有透過後天的學習努力，不斷地陶治、改造人性，棄惡從善，才能造就出有道德修養、品格高尚的人。荀子的性惡論有力地論證了儒家重教化的思想，但由於他把人性完全看成消極的東西，取消了禮義在人性中的內在根據，有違於儒家注重心性自覺的理性主義傳統，故此為後儒所不取。

荀子對儒家人學思想的突出貢獻在於，他重新審視人與自然的關係，提出「明於天人之分」、「制天命而用之」的思想。他發現天有兩種存在意義：一種是作為純粹自然物的存在；另一種是同人發生連繫、作為文化物的存在，即作為人改造對象的存在。天作為純粹的自然物，它按照自身的客觀規律運行著，並不受人的好惡、君主的賢明或昏庸等人事的影響。「天行有常，不為堯存，不為桀亡」；「天不為人之惡寒也輟冬；地不為人之惡遼遠也輟廣。」天沒有意志，不干涉人間的治亂安危。不管是堯治還是桀亂，日月星辰照常運行，四時氣節照常交替。荀子由此得出結論：天人相分，各司其職。天自然而然地繁衍萬物，沒有任何目的。「不為而成，不求而得，夫是之謂天職。」對於天的這種職能，人不能隨意加以干預，《荀子》內頁這叫做「不與天爭職」。荀子按照自然界的本來面貌客觀地描述天，滌除了傳統天命觀散布的種種神祕主義觀念，在當時具有思想解放的意義。

從文化的角度看，天就不再是單純的自然存在物，它變成人類改造的對象。人不能像動物那樣被動地屈從自然，而應當主動地征服自然，利用自然為自己謀利益。但這並不等於說人能在自然面前為所欲為。荀子指出，人要改造自然，首先就得正確地認識並掌握自然界的規律，弄清楚在什麼樣的條件下才能實現人的目的。只有「知其所為，知其所不為」，才能實現「天地官而萬物役」。當荀子從文化的角度看天時，主張「制天命而用之」，作自然界的主人。他在《天論》中寫道：「大天而思之，孰與物畜而制之！從天而頌之，孰與制天命而用之！望時而待之，孰與應時而使之！因物而多之，孰與騁能而化之！思物而物之，孰與理物而勿失之也！願於物之所以生，孰與有物之所以成！故錯人而思天，則失萬物之情。」他在尊重自然規律的前提下，充分肯定人的主觀能動作用，在人與自然的相互作用中發現了人的文化特質。這表明儒家對人自身的認識達到了一個新的理論高度。

秦漢之際，出現《易傳》、《中庸》、《大學》三部儒學著作，對古典儒學作了概括和綜合。大約形成於西周的《易經》原是一部卜筮之書。《易傳》是關於《易經》最早的注本，共有《彖傳》上下、《象傳》上下、《文言》、《繫辭》、《說卦》、《序卦》、《雜卦》等七種十篇，號稱「十翼」。《彖》、《象》編在卦、爻辭之後，解釋每卦、每爻的含義。《文言》附在《乾》、《坤》兩卦之後，解釋這兩卦的卦意。《繫辭》、《說》、《序》、《雜》獨立成篇，附在六十四卦之後。《易傳》相傳為孔子所作，實際上是戰國末儒生所作，非出自一人之手。《中庸》、《大學》皆為《禮記》中的一篇，相傳子思著《中庸》、曾參著《大學》，皆不可靠。實際上大約寫於秦漢之際，作者不可確考。《中庸》、《大學》在南宋以前並未單獨刊行。到唐代受到韓愈、李翱的重視，把它們同《論語》、《孟子》相提並論。到宋代，理學家把《中庸》、《大學》、《論語》、《孟子》並列為四書，奉為儒學的經典。

《易傳》把天道、道地、人道加以綜合研究，試圖建立一個包羅萬象、廣大悉備的哲學體系。《易傳》認為《易經》包含的易理是宇宙萬物的最高法則。「《易》與天地準，故能彌綸天地之道。」天道、道地、人道都是一個道，都是易理在自然、社會各個方面的體現。故說「易之為書也，廣大悉備，有天道焉，人道焉，道地焉。」何謂易理？《易傳》的解釋是：「生生之謂易」。「天地之大德曰生。」《易傳》用動態的觀念搭起了儒家有機宇宙觀的基本框架。

《易傳》把對立面的相互作用看成運動變化的泉源，提出「一陰一陽之謂道」，「剛柔相推而生變化」等命題，初步揭示了對立統一律。《易傳》認為矛盾的雙打構成既對立又統一的關係。《革卦．彖傳》中說：「水火相息、二女同居，其志不相得曰革。……天地革而四時成。湯武革命，順乎天而應乎人。革之時大矣哉！」革卦的卦像是離下兌上，兌象徵沼澤，含有水意，離象徵火。火在下，水在上，水火不相容，矛盾雙方發生了鬥爭，遂引起變革。《易傳》把變革看成事物發展的普遍規律，主張在鬥爭不可避免的情況下，「順乎天而應乎人」，主動地推進變革，促進事物的發展。《易傳》並不一味地強調鬥爭，更重視對立面的統一、和諧，把剛柔相濟奉為「正中之道」。《易傳》把對立面的統一稱為「太和」，而「太和」是事物發展的必要條件。「乾道變化，各正性命，保合太和，乃利貞。首出庶物，萬國鹹寧。」《易傳》還看到發展的無限性，提出「窮則變，變則通，通則久」的命題。《易傳．序卦》解釋說，未濟卦之所以放在最後，正是要表示發展變易是沒有終點的。《易傳》比較集中地闡述了儒家辯證法思想，對中國辯證思維傳統的形成有深遠影響。

《易傳》從有機的宇宙觀和樸素辯證法出發，形成積極向上的人生哲學。它主張「唯變所適」，順應變化，與時俱進。它倡導剛健精神，提出：「天行健，君子以自強不息。」、「其德剛健而文明，應乎天而時行，是以元亨。」這些警句鼓勵人們奮發有為，具有催人向上的力量，充分表達了儒家積極人世的精神。

《中庸》以「誠」為中心範疇貫通天人關係，系統闡述儒家中庸之道和心性修養理論。《中庸》認為，人性來自天命。「天命之謂性，率性之謂道，修道之謂教。」人性取決於天命，那麼什麼是人天共具的「性」呢？《中庸》認為那就是「誠」。它說：「誠者，天之道也。誠之者，人之道也。」、「自誠明，謂之性；自明誠，謂之教。誠則明矣，明則誠矣。」總之，誠是天道的最高原則，是人道一切價值的源泉。人生應當以「誠」為追求的目標，而要達到這一目標，必須經過長期的自覺努力、長期的心性修養。《中庸》提出，心性修養包括博學、審問、慎思、明辨、篤行等五個方面，並強調說：「有弗學，學之弗能，弗措也。有弗問，問之弗知，弗措也。有弗思，思之弗得，弗措也。有弗辨，辨之弗明，弗措也。有弗行，行之弗篤，弗措也。」《中庸》借助天人合一的思維框架重申了儒家重教化的傳統思想。《中庸》還把孔子提出的中庸思想也納人天人合一的框架。它說：「中也者，天下之大本也；和也者，天下之達道也。致中和，天地位焉，萬物育焉。」這就是說，中庸之道本於天命，實行中庸之道甚至可以影響天地間萬物的生育繁衍。經過這樣的解釋，中庸不僅僅是仁與禮相配合的最佳狀態，而且變成人道與天道相配合的最佳狀態。

《大學》把儒家的政治倫理思想加以條理化和規範化，概括為「三綱領八條目」。《大學》的開篇寫道：「大學之道，在明明德，在親民，在止於至善。」這就是所謂「三綱領」。它以極其簡潔的語句點明儒家的宗旨，這就是提高道德自我意識，樹立以民為本的觀念，造就至善的理想人格。換言之，儒學就是學習怎樣做人的學問。為了實現儒家的宗旨，《大學》提出具體的步驟和方法：「古之欲明明德於天下者，先治其國。欲治其國者，先齊其家。欲齊其家者，先修其身。欲修其身者，先正其心。欲正其心者，先誠其意。欲誠其意者，先致其知。致知在格物。物格而後知至，知至而後意誠。意誠而後心正，心正而後身修，身修而後家齊，家齊而後國治，國治而後天下平。」這就是「格物、致知、誠意、正心、修身、齊家、治國、平天下」、「八條目」。三綱領與八條目是統一的，都突出儒家治國以修身為本的主題。《大學》把儒家政治與倫理緊密結合的學術風格表現得相當充分。《大學》以提綱挈領的形式傳達了儒學大旨，對於初學者很有指導意義，曾被宋儒恰當地喻為「入德之門」。

兩漢經學

秦統一之後，法家思想一度占了上風，百家爭鳴的局面宣告結束。秦始皇採納李斯的建議，焚書坑儒，使儒學的發展進入低潮。漢代秦而立，劉氏王朝鑒於秦二世而亡的歷史教訓，重新調整意識形態，使儒學又獲得抬頭的機會。小吏出身的劉邦本來不喜歡儒生，但他即位之後，由於秦博士叔孫通幫他制定禮義，使他感到儒學有助於維護自己的尊嚴和統治，遂改變對儒學的態度。在他死的前一年，曾用太牢祭祀孔子。漢惠帝廢除「挾書律」，允許儒學在民間傳授。到文、景之世，朝廷有意識地搜尋經典，開獻書之路。文帝派晁錯向伏生授《尚書》，設《詩》博士。景帝時又立《春秋》博士。經過漢初幾任皇帝的扶植，儒學終於被立於學官。

漢代的儒學是以註釋《詩》、《書》、《禮》、《易》、《春秋》等先秦儒家經書的形式出現的，故稱為經學。在漢代蒐集到的儒家經典中，有一部分是儒生口授、用當時流行的文字記錄下來的，叫做「今文經」。由申培公所出的魯《詩》、轅固生所出的齊《詩》，韓嬰所出的韓《詩》，伏勝所出的《書經》，高堂生所出的《禮經》，田何所出的《易經》，胡毋生和董仲舒所出的《春秋公羊傳》，魯申公所出的《春秋穀梁傳》，皆屬於今文經。另一部分是散在民間、藏在牆壁中偶然被發現的經書。這些經書用漢以前的文字即古籀文字成，故稱為「古文經」。據《漢書・藝文志》載：「武帝末，魯恭王壞孔子宅，欲以廣其宮，而得《古文尚書》。」屬於古文經的還有《毛詩》、《逸禮》、《周官》、《費氏易》、《春秋左傳》等。因依據的經書不同，漢代儒學分為今文經學和古文經學兩大派。這兩派不僅僅所依據的經書有文字上的不同，而且學術見解、學術風格也不同。今文經學與古文經學兩派的爭論與消長構成了兩漢儒學的基本內容。

漢初的幾個皇帝雖然採取了一些扶植儒學的措施，但在政治思想上主要還是奉行「無為而治」的黃老之術，儒學和儒生的地位並不高。直到武帝，國力強盛，要求加強政治和思想上的統一，儒學才真正受到重視。西元前一四〇年，漢武帝即位，「詔舉賢良方正極董仲舒像敢諫之士，上親策問以古今治道，對者百餘人。」董仲舒在回答武帝的策問時提出建議：「春秋大一統者，天地之常經，古今之通誼也。今師異道，人異論，百家殊方，指意不同，是以上亡以持一統；法制數變，下不知所守。臣愚以為諸不在六藝之科、孔子之術者，皆絕其道，勿使並進。」（同上）武帝採納了董仲舒「罷黜百家，獨尊儒術」的主張。建元五年興太學，置五經博士，各以家法傳授儒學。所傳授的都是今文經學。從此，儒學終於從先秦時期的一家之言上升到官方正統哲學的獨尊地位。

漢武帝「獨尊儒術」其實是獨尊經文經學；而在今文經學中，又特別看重《春秋公羊傳》。《春秋．隱西元年》寫道：「元年春王正月。」《公羊傳》的解釋是：「何言乎王正月？大一統也。」這種「大一統」的思想很合武帝的口味，因為從中可以引申出維護中央集權制、維護皇權的觀點，從而作為統一政治和思想的依據。由於得到皇帝的青睞，治公羊學的大師董仲舒便成為今文經學派最有代表性的人物。

《春秋繁露》董仲舒河北廣川（今棗強）人，經歷文、景、武三個朝代。景帝時立為《春秋公羊學》博士。因向漢武帝獻「天人三策」，得到重視，歷任江都相、太中大夫、膠西王相等職。西元前一三五年，皇帝祭祖的長陵高園殿失火，不久遼東的高廟也失火。董仲舒認為這是天人感應的徵兆，不顧重病在身，連夜起草奏章稱這是上天對武帝濫殺骨肉大臣的懲戒。武帝大怒，要處他死罪。幸虧董仲舒的學生呂步舒為他求情，方免於一死。晚年家居，朝廷還經常派使者到家中向他徵詢政事。他死後武帝很懷念他。有一次路過他在長安的墓地，特意下馬致哀。以後人們稱董墓為「下馬陵」。

董仲舒的儒學思想圍繞著「封建大一統」這一時代的主題展開。他繼承孔子「君君，臣臣，父父，子子」的正名思想，進一步提出君權至上說。他認為，「君人者，國之本也」，「以民隨君，以君隨天」是春秋之法的根本宗旨。在天、君、民這三個環節中，君處於核心的位置。君主受命於天，「立於生殺之位，與天共持變化之勢」，肩負著教化萬民的職責。從這種君權神授的思想出發，董仲舒提出三綱五常觀念。三綱是君為臣綱、父為子綱、夫為妻綱；五常是仁、義、禮、智、信。他指出：「王道之三綱可求於天。」、「夫仁、誼、禮、知、信五常之道，王者所當修飭也。」董仲舒提出的三綱五常，集中體現出儒家政治與倫理緊密結合的思想特徵，成為後世儒家共同的信條。

董仲舒在繼承孔子正名思想的同時，也繼承了孟子的民本思想。他一方面主張尊君，另一方面也強調重民。他假借天的名義闡發這一觀點：「天之生民，非為王也，而天立王以為民也。故其德足以安樂民者，天予之；其惡足以賊害民者，天奪之。」在他看來，天意也就是民意，君主要維護自己的統治，要順從天意，體察民意，以民為政權的根基。君主若不能使民眾得到安樂，便動搖了根基，失去為君的資格。從這種重民的思想出發，他提出「限民名田，以贍不足，塞兼併之路」、「薄賦斂，省繇役，以寬民力」等主張。董仲舒是最早注意到土地兼併的危害性的儒家學者，他主張限制地方豪強勢力，維護中央政權，保障人民最起碼的生存條件，這對於封建社會的鞏固和發展有積極意義。

鑒於秦王朝厲行苛刑峻法導致二世而亡的歷史教訓，董仲舒重申儒家的德治和仁政主張，提出「任德而不任刑」的政治統治原則。他指出，君主的職責是「承天意以成民之性為任者也」，因此應當以教化為治國的主要手段，而不是一味地濫用刑罰。他把人性分為三類：一類是不待教而能為善的「聖人之性」；另一類是雖經教化也難為善的「鬥筲之性」；再一類是透過教化而後可以為善的「中民之性」。在這三種人中，「中民之性」為大多數，所以注重教化的仁政是可以行得通的。他告誡君主「下務明教化民，以成性也；正法度之宜，別上下之序，以防欲也。」董仲舒強調「任德」，但並不排斥用刑。他主張刑德並用，以刑輔德。他說：「教，政之本也；獄，政之末也。其事異域，其用一也。」、「慶賞以立其德，」、「刑罰以立其威。」他關於刑德關係的看法同荀子「隆禮尊賢而王，重法愛民而霸」的觀點是一致的。

董仲舒像為了維護封建大一統，董仲舒提出天人感應說。這是董仲舒對儒學所作的重大改造，而賦予儒學以神學的內涵。他把天說成創造萬物的至上神。「天者，萬物之祖，萬物非天不生。」他特別強調天與人的一致性，視天為人的曾祖父，並採取象數類比的方法說明天與人具有相同的結構：「天以終歲之數，成人之身，故小節三百六十六，副日數也；大節十二分，副月數也，內有五臟，副五行數也；外有四肢，副四時也，乍視乍瞑，副晝夜也；乍剛乍柔，副冬夏也；乍哀乍樂，副陰陽也；心有計慮，副度數也；行有倫理，副天地也。」董仲舒把《孟子》、《易傳》、《中庸》的天人合一思想推向極端，使之從義理意義上的合一度成象數意義上的合一。按照他的說法，天無非是放大了的人，而人則是縮小了的天。

董仲舒利用陰陽五行的思維框架說明人與天之間存在著某種神祕的關聯。比如，「陽貴而陰賤，天之制也。」引申到人事：「君臣父子夫婦之義，皆取諸陰陽之道。君為陽，臣為陰；父為陽，子為陰；夫為陽，妻為陰。」他以陽貴陰賤論證三綱的絕對性，把封建的尊卑等級觀念說成是天意的體現。他把「任德不任刑」的政治統治原則也歸結為天意：「王者欲有所為，宜求其端於天。天道之大者在陰陽，陽為德，陰為刑，刑主殺而德主生。是故陽常居大夏，而以生育養生為事，陰常居大冬，而積於空虛不用之處。以此見天之任德不任刑也。」任刑還是任德，或者王道還是霸道，是秦漢以來思想家們長期爭論的問題，董仲舒從陰陽學家那裡取來陰陽思維框架把這一問題解決了。他的陰法陽儒的觀點，把法家的法治學說作為一個環節納人到儒家的思想體系。

董仲舒還利用五行相剋相生的關係比附人事，以神祕的手法為儒家倫常觀念張目。他說：「天有五行，一曰木，二曰火，三曰土，四曰金，五曰水。木，五行之始也；水，五行之終也；土，五行之中。此其天次之序也。木生火，火生土，土生金，金生水，此其父子也。木居左，金居右，火居前，水居後，土居中央，相受而布。」他以五行相生關係比附子對於父的從屬關係，以土為中央說論證中央集權制的合理性。五行本意是指五種物質元素，而董仲舒卻把它解釋為忠臣孝子的行為，嚴重地混淆了自然現象和社會現象。

董仲舒從「天人感應」理論中引申出「符瑞」說和「譴告」說。符瑞表示「王者承天命以從事」，是天為了鼓勵君主而顯現出來的吉兆。他引用《尚書傳》上的一些傳說證明符瑞的靈驗：「周將興之時，有大赤烏銜谷之種而集王屋之上者，武王喜，諸大夫皆喜。周公曰：茂哉！茂哉！天之見此以勸之也。恐恃之。」、「譴告」與「符瑞」相反，它是天對君主失政敲起的警鐘。「天人相與之際，甚可畏也。國家將有失道之敗，而天乃先出災害以譴告之；不知自省，又出怪異以警懼之；尚不知變，而傷敗乃至。」在董仲舒看來，自然災害完全是由「人禍」引起的。所以，當發生自然災害的時候，君主應當自我反省，檢討自己的過失，不要辜負天意。董仲舒告誡君主：「五行變至，當救之以德，施之天下，則咎除。」即以德政感化上蒼，只有如此方可消災彌難。如若不然，「不救以德，不出三年，天當雨石。」從董仲舒的天譴說中，很容易看出墨家天志說的影響。董仲舒試圖把天意描繪為一種監督帝王的神祕力量。但是，這種學說是同「君權神授」理論相連繫的，實際上並不能造成限制君權的作用。所以君主倒很樂意接受這種學說用來維護自己的權勢。在封建社會，每當發生天災，皇帝往往下「罪己詔」裝裝樣子。董仲舒的「符瑞」說和「譴告」說開了漢代讖緯之學的先河。

董仲舒創立的今文經學借助神學的形式闡發儒家思想，這相對於古典儒學的理性主義精神來說，無疑是一種倒退。但這種倒退卻是儒學發展過程中必不可少的一個環節。在統一的封建社會建立的初期，在整個社會的文明程度還不很高的情況下，董仲舒只有借助神學的形式才能使儒學從學術殿堂中走出來，變成全社會能夠接受和認同的意識形態。如果說古典儒學以政治與倫理緊密結合為基本特徵，那麼，到了董仲舒這裡已變成宗教、政治、倫理三者的緊密結合，這就是董仲舒對儒學的發展。董仲舒的儒學思想具有獨斷的、準宗教的性質，這是不可掩飾的事實。不過也應當看到，董仲舒只不過是借助神學的形式把儒家的入學思想表達出來了。他所關心的依然是人倫關係、社會統治原則等此岸世界的事情，並沒有把人們引入超人間的信仰領域，這並不違背儒家的人世傳統。所以，從總體上看，他所創立的今文經學還不能完全歸結為神學。

以董仲舒為代表的今文經學既有維護王權的一面，又有與王牴牾的一面。例如，他宣傳的民本思想與「天譴」說，都包含著對王權加以限制的意思。另外，今文經學嚴格地按師法家法傳授，不可避免地形成各種門戶之見。為了消除經學與王權之間的矛盾和經學內部的分歧，封建帝王常常親自出面干預學術討論。甘露三年漢宣帝在未央宮石渠閣「詔諸儒講五經異同」，召開御前學術會議，史稱「石渠閣議」。有《易》學博士施讎等二十二人參加了這次會議。會議決定增立梁丘《易》、大小夏侯《尚書》、《谷梁春秋》博士。石渠閣議是漢代經學史上的一次重要會議，為建立統一的經學鋪平了道路。但它並未完全解決問題。東漢建初四年章帝再次出面，「下太常、將、大夫、博士、議郎、郎官及諸生、諸儒會白虎觀，講議五經同異。……帝親稱制臨決，如孝宣甘露石渠故事，作《白虎議奏》。」《白虎議奏》已佚，現存由班固在會後整理成書的《白虎通義》。這是一部自董仲舒以來今文經學經義的總匯，也是一部欽定的儒學法典。《白虎通義》比董仲舒的《春秋繁露》更加突出王權至上的思想，強調「王者，父天母地，為立之子」，具有至高無上的權力，臣民們必須絕對服從皇帝的旨意。這樣，便把儒學完全變成王權的附庸。《白虎通義》把五經同異中的一些學術分歧，也一概統一到王權至上的觀念上，凡危及王權的學說一律予以剔除。《白虎通義》論述了爵、號、謚、五祀、社稷、禮樂、封公侯、京師、五行、三軍、誅伐、諫諍、鄉射、致仕、辟雍、災變、耕桑、封禪、巡狩、考黜、王者不臣、蓍龜、聖人、八風、商賈、瑞贄、三正、三教、三綱六紀、情性、壽命、宗族、姓名、天地、日月、四時、衣裳、五刑、五經、嫁娶、紼冕、喪服、崩薨等四十三個專題，幾乎涵蓋了封建社會從經濟基礎到上層建築的方方面面。在這四十三個專題中，都貫穿著三綱五常這一根本思想。《白虎通義》把今文經學發展到最完備的程度。然而，由於它把今文經學完全納入專制主義的軌道，從而也就扼殺了它的生機，致使今文經學趨於僵化。

以董仲舒為代表的今文經學的神學傾向的進一步發展，便導致讖緯之學的興起。讖是一種神祕預言，與儒學沒有必然連繫。早在秦始皇時代就有「亡秦者胡也」的讖語。緯是相對於經而言的，緯書是儒生傍依儒家經書杜撰出來的神學著作，往往假托聖人的名義兜售迷信思想。《四庫全書總目．易類六》說：「緯者經之支流，衍及旁義……又蓋以妖妄之詞，遂與讖合而為一。」緯書共有七類三十六種，其中《易緯》有《稽覽圖》、《乾鑿度》、《坤靈圖》、《通卦驗》、《是類謀》、《辨終備》等六種，《詩緯》有《推度災》、《汜歷樞》、《含神霧》等三種；《禮緯》有《含文嘉》、《稽命征》、《鬥威儀》等三種；《書緯》有《璇璣鈐》、《考靈曜》、《刑德放》、《帝命驗》、《運期授》等五種，《樂緯》有《動聲儀》、《稽耀嘉》、《葉圖徵》等三種，《春秋緯》有《演孔圖》、《元命包》、

《文耀鉤》、《運斗樞》、《合誠圖》、《感精符》、《考異郵》、《保乾圖》、《鉤命決》、《漢含孳》、《佐助期》、《潛潭巴》等十四種；《孝經緯》有《援神契》、《鉤命決》等兩種。緯書的標題都很奇怪，使人索解為難。作者故意搞成這樣，以顯示其神祕性。緯書的內容主要講災異和符命、陰陽五行、天人感應等神學思想，除個別篇章包含少許自然科學知識外，大都荒誕不經，沒有多少理論價值。

讖緯之學作為一種社會思潮，興起於西漢哀、平之際，盛行於東漢時期。東漢的創立者光武帝劉秀曾利用「劉秀發兵捕不道，四夷元集龍鬥野，四七之際火為主」的讖語起事，推翻王莽政權，重建劉氏王朝。他即位後，便「宣布圖讖於天下。」經過明、章二帝的扶植，讖緯一時成為顯學。「儒者爭學圖緯，兼復附以妖言。」讖緯對於王權既有有利的一面，也有不利的一面，它既宣揚君權神授觀念，同時又隱含著以神權壓王權的思想。某些陰謀家常常利用這一點借讖緯惑眾，從事爭奪皇位的活動。封建統治者終於發現，讖緯之學弊多利少，不能有效地維護皇權、穩定政局。至南朝宋始，已採取禁讖措施。隋煬帝曾下令焚毀讖緯之書，嚴禁造讖、傳讖。從此以後，讖緯之學這個從今文經學衍生出來的怪胎便逐漸地銷聲匿跡了。

到西漢末年，今文經學獨尊的地位開始動搖，與今文經學抗衡的古文經學逐漸抬頭。古文經學的旗幟是由今文經學家劉向之子劉歆舉起來的。在劉歆之前，古文經雖有傳本，但未立博士，不列於學官。劉歆承繼父業在祕府裡校書，得讀古文經《春秋左氏傳》，大為喜好，遂放棄今文經學立場，著手建立古文經學章句體系。劉歆向哀帝建議將古文經《左氏春秋》、《毛詩》、《古文尚書》、《逸禮》等立於學官，遭到屬於今文經學派的太常博士們的一致反對，拉開了今、古文經學兩大派論爭的序幕。這次起奏劉歆沒有達到目的。到平帝時，劉歆在權臣王莽的支持下，終於實現了自己的設想，立了五個古文經博士。從此，古文經學得以與今文經學分庭抗禮。王莽篡政後，古文經學大興，影響超過今文經學。光武帝劉秀重振漢業，古文經學一度遭廢。時過不久，到東漢中葉古文經學東山再起，又一次壓倒今文經學，並迅速發展到鼎盛時期，湧現出衛宏、賈逵、馬融、許慎等卓有成就的古文經學大師。尤其是許慎的《說文解字》和《五經異義》，對於古文經學學術地位的確立起了很大作用。當時治古文經學的儒生很多，僅馬融門下的弟子就有數千人之多。

鄭玄像古文經學同今文經學一樣，也是為當時的政治服務的。許慎聲稱，「文字者，經義之本，王政之始。」不過，古文經學不像今文經學那樣恣肆，學風比較嚴謹。古文經學家講究名物訓詁，史實考證，斥責今文經學的怪誕與虛妄，一定程度地恢復了古典儒學的理性主義精神，糾正了今文經學的獨斷主義傾向。因此，古文經學壓倒今文經學並非偶然。古文經學確實有濃厚的功底和學術上的優勢。古文經學家為了準確地解釋儒家經典，對文字學、音韻學、文獻學、訓詁學作了相當科學的研究，取得了一些學術成就。這為後人開展學術研究和整理文化遺產打下了良好的基礎。但古文經學那種「故紙堆討生活」的研究方式，對儒家思想的發展也造成了限制、束縛的作用。古文經學在理論上貢獻不大，沒有產生出董仲舒那樣的思想家。

古文經學與今文經學兩派互相攻訐，各言其是，使儒生們莫知所從。鑒於這種情況，東漢末年鄭玄以古文經學為宗，兼采今文經學之說，遍注群經，自成一家之言。據《後漢書．鄭玄傳》載：「凡玄所注《周易》、《尚書》、《毛詩》、《儀禮》、《禮記》、《論語》、《孝經》、《尚書大傳》、《中候》、《乾象歷》，又著《天文七政論》、《魯禮禘祫義》、《六藝論》、《毛詩譜》、《駁許慎五經異義》、《答臨孝存周禮難》凡百餘萬言。」鄭學的出現使漢代長期存在的今文經學與古文經學的爭論宣告平息。鄭學得到廣大儒生的推崇，從游者甚眾，使經學暫時形成統一的局面。所以，鄭學又有「通學」之稱。

鄭學雖然化解了古文經與今文經兩派的對立，但並未解除經學面臨的危機。第一，鄭玄相信讖緯，常常以讖緯附會經說，未能衝破獨斷主義的迷霧恢復儒學的理性主義精神；第二，鄭玄未能遏止經學日益繁瑣的趨勢，經學越來越變得令人生厭；第三，在東漢末年讀經不再是作官的途徑，士人不再熱衷於此道。由於這些原因，漢代經學無可挽回地衰落了。

儒釋道

從魏晉至隋唐，儒學雖仍被立為官學，可是已失去其在思想界的獨尊地位。儒學與佛教、道家競長爭高，從佛道兩家吸收思想材料來豐富自身，成為這一時期儒學發展的新特點。

魏文帝以後，「九品中正」制代替了漢代的經術取士制度，經學不再成為獵取功名的工具，讀經的儒生大為減少。不過，經學的傳統並沒有中斷，仍有一些學者以治經為業，並出現了一些經學大師。首先站出來向鄭學挑戰的經學大師是王肅。王肅據說是伏生的十七傳弟子，治過今文經學；他又是古文經大師馬融的學生，是一位兼通古、今文的經學家。他試圖打破鄭學的一統天下。他雖反對鄭學，但走的治學路子同鄭玄倒是一致的，也是雜糅今、古文經兩派的學說，尋求統一的經學。不過，凡鄭學主古文經學的地方，他都改從今文經；凡鄭學主今文經的地方，他都改從古文經，以這種辦法推倒鄭學，樹立自己的權威。他還編造《孔子家語》和《孔叢子》，假托孔子的名義攻擊鄭學。在魏正元年間，王學尚不能替代鄭學；到司馬氏掌權，身為晉武帝的外祖父的王肅有了政治力量為靠山，終於壓倒鄭學。到東晉時期，鄭學復興，再次超過王學。在魏晉時期，鄭學與王學之爭取代了今、古文經學之爭，成為經學發展的主要內容。但王、鄭之學的爭論並不是魏晉時期經學的全部內容。在這兩派之外，還湧現出王弼的《周易注》和《周易略例》、何晏的《論語注》、杜預的《左傳注》、范寧的《穀梁傳集解》以及梅賾呈出的偽傳古文《尚書》等一批有影響的經學著作。

南北朝時期經學分為南學和北學兩派。南學受玄學影響較大，重文辭不重經術；北學受玄學影響小，拒斥老莊，學風樸實。無論是南學還是北學都倡導義疏，這與以明經為主的漢代經學大相逕庭。

唐代結束漢以後幾百年的割據局面，重新建立「大一統」的封建帝國。中國封建社會發展到鼎盛時期。這時，統治者又開始扶植經學，以顯示其文治武功。唐高祖李淵即位不久便下詔置州、縣、鄉之學，立周公、孔子之廟，令歐陽詢撰《藝文類聚》，整理經學文獻。唐太宗李世民更尊崇經學，先後開文學館、弘文館，優選學界名士。他任用杜如晦、房玄齡、虞世南、褚亮、姚思廉、李玄道、蔡允恭、薛元敬、顏相時、蘇勖、於志寧、蘇世長、薛收、李守素、陸德明、孔穎達、蓋文達、許敬宗為十八學士，令他們分班輪流講述經義，議論朝政。貞觀二年，設國子監祭酒博士，祭孔子、顏淵，並開始開科取士。治經學再次成為進身之階。於是儒生趨之若鶩，使一度冷清的經學再次繁榮起來。據記載，當時攻讀儒經的學生有八千餘人。

從南北朝遺留下來的經學有南學與北學之分，而且章句繁雜，諸說紛紜，這不利於科舉取士。要使科舉順利進行，必須有統一的經學讀本。於是，唐太宗詔國子監祭酒孔穎達等編纂、註疏《五經正義》作為標準經學教科書。高宗永徽四年，《五經正義》編成，頒行全國。其中有《毛詩正義》四十卷，毛亨傳、鄭玄箋；

《尚書正義》二十卷，偽孔安國傳；《周易正義》十六卷，王弼、韓康伯注；《禮記正義》七十卷，鄭玄注；《春秋正義》三十六卷，杜預集解。在這五經中，古文經學仍占居優勢。欽定的《五經正義》把眾說紛紜的經義統一起來，為明經取士帶來了便利，使廣大儒生有所遵循，但也窒息了儒學的生命力。士子們為科舉而讀經，甘心墨守成規，不願也不敢標立新說。這樣，使經學再也沒有進一步發展的餘地了，變成了禁錮思想的桎梏。

實際上，從魏晉到隋唐，正統的經學家們只知抱殘守缺，對於儒家思想的發展並沒有什麼推動。真正對儒學發展有貢獻的倒是那些非正統的、敢於從道家或佛教汲取思想營養的學者。

魏晉時期玄學大盛，成為思想界的主流。玄學家以《老》、《莊》、《易》為三玄，當然不能完全歸結為儒家。不過，大多數玄學家的確致力於援道家思想人儒，試圖以道家的道論代替漢代經學的天論，探索挽救儒學危機的出路。他們厭惡經學的繁瑣學風，然而並未失掉研習儒學的興趣。首開玄學風氣的何晏注過《論語》，貴無派的代表王弼注過《周易》。他們雖然兼治儒道兩家之學，重心卻是向儒家傾斜的。名教與自然的關係問題始終是玄學家關注和討論的中心問題。名教是指儒家倡導的道德規範，而自然則是指道家的本體論思想。大多數玄學家們都認為二者可以結合起來，試圖把儒家倡導的道德規範建立在道家本體論思想的基礎上。

王弼認為，名教出於自然，道家以無為本的自然之論可以成為名教的理論基礎。他指出，漢代經學之所以失掉範圍人心的效力，根本原因在於片面提倡仁義等具體的倫理規範，只在細微末節上作文章，沒有從根本上下工夫。這樣作的結果使儒學流於形式，「崇仁義，愈致斯偽。」一些無恥之徒甚至利用名教弄虛作假，圖謀虛名，冒充賢良，這就不能不敗壞儒學的名聲。王弼認為，名教只是枝節性的東西，要使名教真正發揮作用，就不能就事論事，而必須從根本上人手加固信仰的根基。他認為名教的根基就是道家常說的「自然」或者「無」。「自然者，無稱之言，窮極之辭也。」、「自然」或「無」才是道德規範的形而上學依據，聖人正是從此出發才「立名分以定尊卑」，制定出以「三綱五常」為基本內容的名教來。在他看來，名教是「末」，自然才是「本」。名教本於自然，出於自然。他要求人們從哲學上把握本體，提高維護名教的自覺性，從而解決對儒學的「信仰危機」。王弼以哲學的方式論證名教的永恆性、必然性，同以神學的方式論證名教的永恆性和必然性的漢代經學相比，自然要高明得多。

王弼還把儒家的尊君原則同道家的無為原則結合起來，提出執一統眾的思想。他認為統轄、主宰萬物的本體不是「眾」，而是「寡」，不是「多」，而是「一」。「夫眾不能治眾，治眾者至寡也。」、「夫少者，多之所專也。寡者，眾之所宗也。」他指出，這種以寡治眾或從一治多的觀點，既見於《周易》，又見於《老子》。他在《老子·十一章注》中寫道：「轂所以能經三十輻者無也，以其無能受物之故，故能寡統眾也。」車軲轆的三十根幅條之所以能形成一個整體，是因為軲轆中間的軸眼（無）在起作用。既然以寡治眾是世界萬物的普遍規律，當然也就應當成為治理國家的最高原則了。在王弼看來，以寡治眾是儒、道兩家的共同見解，但對這一思想的闡發，儒家比道家深刻。他在註釋《論語》中「一以貫之」時說：「貫猶統也。……譬猶以君御民，執一統眾之道也。」他認為孔子的「執一統眾」的思想充分體現出無為的原則，可見孔子對無為的理解比老子更透徹：「聖人體無，無又不可言必及有。老莊未免於有，恆訓其所不足。」這裡的聖人是指孔子。王弼認為孔子的「一以貫之、執一統眾」的思想實則是主張按照無為的原則辦事，完全建立在「以無為本」的本體論基礎之上。只是孔子並不像老莊那樣總是把「無」掛在嘴上。這種「孔勝於老」的看法在玄學家中相當流行。南齊周顒在《重答張長史書》中說：「王、何舊說，皆云老不及聖。」（《弘明集》卷六）王弼等人為孔子披上玄學家的外衣，把道家思想納入到儒家思想的軌道。他們的「以寡治眾」、「執一統眾」等思想是對漢儒「春秋大一統」觀念的繼承和發展，也是一種維護皇帝權威的理論設計。

西晉玄學家郭象比王弼更傾向於儒家。針對玄學思潮中「非湯武而薄周孔，越名教而任自然」的非儒傾向，他提出「名教即自然」的思想。莊子心目中的「神人」本來是離遠俗務、超脫現實的理想人格，而郭象在《莊子．逍遙游注》中卻把「神人」同儒家推崇的「聖人」劃上了等號：「夫神人者，即今所謂聖人也。」他強調，精神上的超脫同世俗生活並不矛盾，二者完全可以統一起來。「夫聖人雖在廟堂之上，然其心無異於山林之中，世豈識之哉？徒見其戴黃屋、佩玉璽，便謂足以纓紱其心矣，見其歷山川、同民事，便謂足以憔悴其神矣。豈知至至者之不虧哉？」郭象發明的「精神超脫」法把莊子的逍遙哲學同講究經世致用的儒家人世哲學熔為一爐了。他認為名教與自然沒有任何矛盾，二者的統一構成了世界的和諧；「人之生也，形雖七尺而五常必具，故區區之身乃舉天地以奉之。故天地萬物凡所有者，不可一日而相無也。」人不能沒有自然之軀，也不能不接受綱常名教的規範。他主張尊卑、貴賤、君臣、上下各守其位。「各安其分，則大小俱足矣。」他要求人們恪守「內聖外王」之道，以超世的態度人世。郭象把道、儒兩家的對立傾向化解了，把曠達任誕的玄學引向儒家的實踐哲學，為儒學在沉淪中崛起作了理論準備。

佛教是儒、道兩家之外的又一大的思想流派。佛教自東漢末年傳入中國，經過幾百年的傳播和發展，到隋唐時期已成為與儒、道鼎足而立的意識形態。在隋唐時期，儒學要求得自身的發展，一方面要應付來自道家的挑戰，另一方面又要應付來自佛教的挑戰。如何吸收佛教的思想資料、思維方式以推進儒學的發展成為這一時期思想家的主要任務。顏之推、柳宗元、劉禹錫、韓愈、李翺等人在這方面都作出過貢獻。

顏之推是一位精研儒學的學者，著有《顏氏家訓》，主張以儒家的忠孝道德原則和倫理綱常「整齊門內，提撕子孫」。他很受後儒的尊崇，素有「古今家訓，以此為祖」之說。他治儒學，但並不排斥佛教，是最早倡導佛儒合流的思想家之一。他對佛、儒兩家作了比較，得出的結論是：「內外兩教，本為一體，漸積為異，深淺不同。」他認為佛教為漸、為淺，儒學為積（同極）、為深，其傾向於儒自不待言。但他強調佛、儒都有助於人們道德觀念的培養，引導人們棄惡揚善，有補於世風淳化。他不贊成以儒排佛的做法，為佛教辯護說：「善惡之行，禍福所歸，九流百氏皆同此論，豈獨釋典為虛妄乎？」他指出，儒家講的仁、義、禮、智、信等「五常」，同佛教講的不殺生、不偷盜、不邪淫、不飲酒、不妄語等「五戒」，都有勸善止暴的作用，以此說明融佛入儒的可能性。

顏之推只是從表層去尋找佛、儒兩家的共同點，真正深入佛教堂奧的還得算中唐時期的柳宗元和劉禹錫。他們出佛入儒、浸潤其中多年，力求在哲理層面上把兩家融會貫通。有些儒家學者抓住佛教主張出家、毀棄人倫這一點全盤否定佛教的學術價值，柳宗元卻不以為然。他批評這些人目光短淺，「忿其外而遺其中，是知石而不知韞玉也。」柳宗元指出：「浮圖誠有不可斥者，往往與《易》、《論語》合。……吾之所取者與《易》、《論語》合，雖聖人復生，不可得而斥也。」顯然，他是從儒家的立場出發去琢取佛教中的「韞玉」的。他主張「真乘法印，與儒典並用」，「悉取向之所以異者，通而同之，搜擇融液，與道大適。」劉禹錫也很贊成柳宗元的主張，認為佛教有益於教化，可以「革盜心於冥昧之間，泯受緣於死生之際，陰助教化，總持人天」，對於儒學是一種必要的補充。

柳宗元、劉禹錫心目中的「韞玉」是指佛教那種有無統一的辯證思維方法。他們認為，吸收這種辯證思維的理論成果，可以增強儒學的理論性，把儒家倫理提到世界觀的高度。劉禹錫和柳宗元發現，自漢以來的儒學有一個缺陷，那就是教條講得多，抽象的哲理談得少，缺乏思辨色彩，思辨性很強的佛教對於儒學的哲理化是有借鑑意義的。他們在這方面作了一些初步探索。劉禹錫把佛教「緣起性空」說加以改造，以有釋空，找到了把佛教出世哲學納入儒家入世哲學的轉折點。他對佛教「空」的觀念表示一定程度的認同：「上士介空而離相，中士著空而嫉有，不因相何以示覺，不由有何以悟無？」那麼，「空」的哲學含義是什麼呢？劉禹錫的解釋是：「空者，形之希微者也。為體也不妨乎物，而為用者恆資乎有，必依於物而後形焉。」就是說空並不等於虛無，空本身就是有與無的統一，並不排斥有。這樣，他便接過佛教「空」的觀念，注入儒家崇有的內容。柳宗元對劉禹錫的觀點表示贊成，他在《答劉禹錫天論書》中寫道：「所謂無形為無常者，甚善。」劉禹錫、柳宗元的「空」觀啟迪了宋代理學家張載，他進而提出「太虛即氣」的理論。

韓愈、李翱與柳宗元、劉禹錫不同，他們不信奉佛教，都是激烈的排佛者。韓愈因上書諫阻唐憲宗把陝西風翔法門寺收藏的「佛骨」迎到宮中供養，險些掉了腦袋。但他們一面排佛，一面也在從事援佛人儒的探索。韓愈模彷佛教的法統，編制儒家道統。他把儒家的源頭追溯到堯，聲稱「堯以之傳之舜，舜以之傳之禹，禹以之傳之湯，湯以之傳之文、武、周公，文、武、周公傳之孔子，孔子傳之孟軻，軻之死，不得其傳焉。」他以儒家的道統對抗佛教的法統，說明儒家在華夏當居正宗地位，並以道統的繼承人自詡。韓愈還借鑑佛教解釋名相、範疇的研究方法，對儒家的思想體系加以概括和提煉。他說：「仁與義為定名，道與德為虛位。」意思是說，「道」與「德」是各家各派都經常使用的範疇，而仁與義則是儒家賦予「道德」範疇的特定內涵。因此，仁與義可以看作儒家思想體系的核心。韓愈由於採用了佛教的研究方法，他對儒家基本觀念的闡發比起漢儒來要深刻得多。他的儒學思想哲理性很強，不是那種借天的名義所進行的粗俗的神學說教。

韓愈的學生李翱借鑑禪宗的佛性論和修養方法，改造並發展了儒家的心性學說，寫出《復性書》上、中、下三篇。他參照佛教淨、染之分的模式，提出性善情惡說。他認為：「人之所以為聖人者，性也；人之所以惑其性者，情也。喜、怒、哀、懼、愛、惡、欲，皆情之所為也，情既昏，性斯匿矣。」按照他的說法，每個人的品性都是善的，只是由於受到情欲的干擾，使人的品性不能得以擴充，才使人顯出聖、凡的人格差別。他把人的情欲比作使河水變得混濁的泥沙，比作籠罩火焰的濃煙，認為沙不渾，水自清，煙不郁，火自明，情不作，性自善。要恢復人們本來的善性，就必須做到忘情。只有這樣，才能進入「弗思弗慮」、「滅情復性」、「心寂不動」的精神境界，成就超凡入聖的理想人格。李翱滅情復性的理論同禪宗的「見性成佛」並沒有多少區別，只不過是把佛教倡導的「成佛」改為儒家倡導的「成聖」。李翱援佛入儒，因襲的跡象太過明顯，並不太成功。但他以佛性印證心性，把儒家道德觀念提到最高信仰的程度，畢竟開了宋明理學的先河。

義理之學

自漢代儒學復興以來，大體沿著兩個方向發展。一個是義理之學，另一個是考據之學。前者由今文經學開啟，後者由古文經學肇端。今文經學講究「微言大義」，比較注重從思想理論角度闡發儒學。它雖開展了義理之學，但因其喜歡借天的名義立說，終於流為讖緯神學。粗俗的說《周易說略》書影教代替了哲理的論證，濃重的神學氛圍窒息了義理之學。東漢末年經學衰落後，魏晉玄學援道人儒使義理之學得以抬頭；隋唐思想家援佛人儒也為它注入活力。在此基礎上，從宋代至明末，義理之學終於有了長足的發展，形成一種與漢代經學風格迥異的新的儒學形態——宋明理學。宋明理學家講究理欲之辯，維護三綱五常，以繼承孔孟道統相標榜，所以理學又稱為道學。宋明理學一反漢唐的義疏傳統，拋開傳注，直接從經典中尋繹義理。它以儒為主，兼采佛、道，以三教合流為顯著特徵。

宋明理學的奠基人是周敦頤、邵雍、張載、程顥、程頤，號稱「北宋五子」。在這五人中首開風氣者當推周敦頤。周敦頤字茂叔，道州營道（今湖南道縣）人。因其在廬山蓮花峰下濂溪畔築「濂溪書屋」，學者稱他「濂溪先生」，稱他創立的理學學派為「濂學」。他依據《易傳》和《中庸》的基本思想，參照道士陳摶傳授的《無極圖》，畫出《太極圖》，撰寫《太極圖說》，論述宇宙本體、世界生成和萬物變化的過程，建立了一個簡潔明了而又精緻系統的理學世界觀。他在《太極圖說》中寫道：「無極而太極。太極動而生陽，靜而生陰。靜極復動。一動一靜，互為其根。分陰分陽，兩儀立焉。陽變陰合而生水火木金土，五氣順布，四時行焉。五行一陰陽也，陰陽一太極也，太極本無極也。五行之生也，各一其性。無極之真，二五之精，妙合而凝。『乾道成男，坤道成女』。二氣交感，化生萬物，萬物生生而變化無窮焉。」他把由無極、太極、陰陽、五行、男女、萬物構成的邏輯結構看成宇宙生成變化的圖式。認為宇宙萬物由一個抽象的實體派生出來，他把這個抽象的實體或稱「無極」，或稱「太極」，雖沒有明確地提出天理範疇，但已具備理學世界觀的雛形。周敦頤從這種世界觀出發闡釋儒家的人學思想，把《中庸》「誠」的觀念提到本體論的高度。他說：「誠者，聖人之本。」認為誠來自乾元，秉承「無極之真，二五之精」是至高至善的人生境界。在這種境界中的人就是聖人。聖人定之以中正仁義而主靜，立人極焉。」聖人是眾人學習的楷模，他為眾人規定了中正仁義而主靜的做人準則，人們只有向聖人看齊，才能實現自我完善。他給「主靜」作的註解是「無欲故靜」，認為「欲動情勝、利害相攻」，實為萬惡之源。他已提出了理學「存理滅欲」說的基本思想，確立了理學家特有的價值取向。

邵雍字堯夫，謚康節。共城（今河南輝縣）人。因其隱居於蘇門山百源，學者稱百源先生，稱他創立的理學學派為百源學派。他同周敦頤一樣，也從道教中汲取思想材料，採取象數學的手法建立理學世界觀。他參照陳摶傳下來的《先天圖》，用「加一倍法」，透過象數羅列構造出先天象數學，用來比附宇宙間一切事物的形成和發展。他認為宇宙的本原是「太極」。「太極一也，不動，生二，二則周敦頤像神也。神生數，數生象，象生器。」太極是絕對的「一」，由一分化、設置出數、象，由象派生出宇宙萬物。太極既是宇宙萬有的本原，又是主體意識的依據。他說：「心為太極，又曰道為太極。」這種主體意識透過人體現出來，所以在萬物之中人最靈；而在人群中，聖人最高明。「是知人也者，物之至者也；聖也者，人之至者也。」聖人「心代天意，口代天言，手代天工，身代天事」，為天傳法，為萬民作則。透過對聖人的描述，邵雍重申了儒家天人合一的傳統觀念。他的理學思想體系以宇宙觀為起點，以人生觀為歸宿。

周敦頤和邵雍由於受象數學的影響，思想上還有漢儒神祕主義和獨斷主義的殘餘。比他們稍晚的張載則完全拋開了象數學，立足於理性主義建立理學世界觀。張載字子厚，陝西鳳翔郿縣（今陝西眉縣）橫渠鎮人，世稱橫渠先生。他常年講學於關中，弟子也多為關中人，故他創立的理學學派稱為關學。張載批判了佛、道兩家關於「空」或「無」的本體論思想，出佛入儒，提出氣一元論。他認為氣是充塞於宇宙的物質實體，「凡可狀，皆有也；凡有，皆象也，凡象，皆氣也。」氣的本然狀態叫做「太虛」，「太虛無形，氣之本體」、「太虛即氣。」太虛和氣是同一概念。氣是萬物的本原，萬物產生於氣，復歸於氣。「太虛不能無氣，氣不能不聚而為萬物，萬物不能不散而為太虛。」他打比方說，氣在太虛中聚與散，就像冰在水中凝結與融釋一樣，氣聚合而形成具體事物，氣消散而歸復於太虛。他否認有脫離氣的絕對的虛無狀態。「知太虛即氣，則無『無』」。張載以氣為核心把天、道、性、心等儒學範疇連成一個體系，認為「由太虛有天之名，由氣化有道之名，合虛與氣有性之名，合性與知覺有心之名。」張載的氣一元論真正揚棄了佛、道的本體論，為儒家人世哲學奠立了堅實的理論基礎。

張載從氣一元論出發看待人性，提出「天地之性」和「氣質之性」相對立的觀點。他說：「形而後有氣質之性，善反之，則天地之性存焉。故氣質之性，君子有弗性焉。」、「天地之性」也就是太虛的本性，它是人性善的依據。氣質之性是人稟受陰陽二氣而形成形體之後所具之性，它因人而異，是人性惡的依據。他認為，每個人都有「天地之性」，也都有「氣質之性」。自我修養的目的就是摒棄「氣質之性」，歸復於「天地之性」，成就聖人、君子式的人格。這就是他倡導的「變化氣質」：「為學大益，在自求變化氣質。」張載的人性論一方面承認自我完善的內在根據，另一方面又強調自我改造的必要性，把荀子的性惡論和孟子的性善論成功地綜合起來了，解決了中國儒學史上長期爭論不休的問題。他的人性論為其他理學家們所接受，朱熹讚揚說：「氣質之說，起於張程，極有功於聖門，有補於後學，前人未經說到。故張程之說立，則諸子之說泯矣。」

張載還用氣一元論論證儒家天人合一的傳統思想和仁愛孝親觀念。在他看來，既然天地萬物都以氣為本源，那麼也就意味著人與天地萬物構成和諧的、有機的整體。因此人應當對天地盡孝心，對他人乃至萬物盡愛心。他說：「乾稱父，坤稱母，予茲藐焉，乃混然中處，故天地之塞吾其體，天地之帥吾其性。民吾同胞，物吾與也。」張載這種「民胞物與」的思想要求一切人都像兄弟一樣相親相愛，但並不主張取消等級制度。他把君主說成父母的長子，要求人們服從他的統治，守分守位，盡忠盡孝。甚至提出「富貴福澤，將厚吾之生也；貧賤憂戚，庸玉汝於成也。存，吾順事，沒，吾寧也。」他的這種隨遇而安的思想受到理學家們的交口稱讚。

《二程全書》張載的氣一元論雖然論證了儒家的某些倫理觀念，但沒有為三綱五常這一儒家的基本原則提供形而上學依據。這個任務落在了程顥、程頤肩上。程顥字伯淳，河南洛陽人，人稱明道先生。程頤字正權，人稱伊川先生。兩兄弟皆師從周敦頤，張載是他們的表叔。程氏兄弟是洛陽人，又常年在洛陽講學，他們創立的理學學派被稱為「洛學」。二程同周、邵、張等人不同，他們認為本體既是抽象的實體，又是普遍的原則。因此，他們認為「天理」才是比「太極」或「氣」更恰當的本體論範疇。程顥聲稱：「吾學雖有所受，天理二字卻是自家體貼出來。」天理是二程思想體系的最高範疇，也是宋明理學的最基本概念。在理學草創階段，二程的理論貢獻最大，超過了北宋五子中的其他三位。

在二程思想體系中，理具有廣泛的含義。首先，它是指「天理」。也就是萬物存在的本原、主宰萬物的精神實體。「天理雲者，這一個道理，更有甚窮已？不為堯存，不為桀亡。人得之者，故大行不加，窮居不損。這上頭來更怎生說得存亡加減。是他元無少欠，百理具備。」天理不生不滅，至高無上，不受人事變化的影響，是主宰一切的絕對本體。其次，它是指「物理」，即具體事物所依據的原理、原則。「天下物皆可以理照。有物必有則，一物須有一理。」每一種事物都依理而存在、變化。再次，它是指「倫理」，也就是道德規範。他們說：「父子君臣，天下之定理，無所逃於天地之間。」二程認為物理、倫理都是天理的具體體現，把三者合而為一，將忠君、孝父的綱常觀念提到普遍原理的高度，使之永恆化、絕對化，真正奠立了理學「道德形而上學」的根基。

二程從理本體論出發看待人性，認為人性包含著兩個方面，一是「天命之謂性」，一是「生之謂性」。前者是天理在人性中的貫徹，二程說：「性即理。理則自堯、舜至於塗人，一也。」後者是從氣上說的。二程說：「『生之謂性』，性即氣，氣即性；生之謂也。」、「天命之謂性」是至善的，「生之謂性」可善可惡，據此，他們又提出天理與人欲兩相對立的論斷。他們認為，從人的「天命之謂性」來說，人能自覺地遵守仁、義、禮、智、信等道德範疇的約束，不會作惡；然而由於受「生之謂性」的支配便產生了「人欲」，人受到人欲的矇蔽才會作出各種不道德的事情。因此，人欲是惡的淵藪，是天理的對頭。「唯蔽於人欲，則亡天理也。」他們主張「去人欲，明天理」。二程顯像程說：「人心，私欲，故危殆；道心，天理，故精微，滅私欲，則天理明矣。」從這種觀點出發，二程甚至提出「餓死事小，失節事大」的口號，使理學變成一種嚴酷的道德說教。由二程明確提出的「存理滅欲」說後來成為理學家們的共同信條。

到南宋時期，理學發展到鼎盛階段，出現了理學集大成者朱熹。朱熹（一一三〇至一二〇〇年）字元晦，號晦庵，別號考亭、紫陽，徽州婺源（今屬江西）人。青年時師從李侗，為二程四傳弟子。他長期居住在福建並多年在此講學。所創理學學派被稱為閩學。他的主要思想承接二程，後人將閩學與洛學合稱程朱理學。程朱理學是宋明理學的主幹，在封建社會後期思想界占據統治地位長達數百年之久。

朱熹自畫像朱熹在二程理本體論的基礎上，吸收張載的氣一元論，建立了一個龐大的哲學體系。他認為理是宇宙萬有的本原，具有邏輯的先在性。「未有天地之先，畢竟也只是理。有此理，便有此天地；若無此理，便亦無天地，無人無物都該載了。」他認為理先於事物而存在，提出「理在事先」的本體論原則。他指出，理本身寂然不動，「無造作，無意度」，必須以「氣」為掛搭處才能構成天地萬物。理與氣的關係是：理在先，氣在後；理為形而上，氣為形而下。他說：「天地之間，有理有氣。理也者，形而上之道也，生物之本也；氣也者，形而下之器也，生物之具也。」程頤像理在氣先是朱熹提出的另一條本體論原則。他雖強調理在氣先，但亦承認理氣相依不離。「天下未有無理之氣，亦未有無氣之理。」就具體事物而言，理與氣是緊密結合在一起的。由於「氣異」而形成世界的多樣性，由於「理同」而形成世界的同一性。

朱熹又把理稱為太極，認為太極與萬物是「理一分殊」的關係，「人人有一太極，物物有一太極。」每一事物並不是分有太極的部分，而是體現太極的全體。

「如月映萬川相似。」對於人來說，「太極只是個極好至善底道理」，也就是道德價值的源泉。因此，為人之道就是取法乎太極，透過心性修養實現向太極的復歸。他主張採用「格物窮理」的方法，「窮盡事物之理」，進入與太極合而為一的人生最高境界。在這種境界裡，人心聽命於道心，革盡人欲，復進天理，把三綱五常變成自覺的行為準則。

程朱理學為了論證三綱五常的絕對性，極力突出理的先在性和超驗性，但對理的內在性重視不夠。針對這種傾向，與朱熹同時代的陸九淵提出心學來同程朱理學抗衡。陸九淵字子靜，號存齋，撫州金溪（今屬江西）人。因其在江西貴溪象山開書院講學，也稱象山先生。他在鵝湖之會上曾同朱熹辯論過關於太極、治學方法等問題，嘲笑朱學「支離務外」。針對程朱「性即理」的觀點，他強調「心即理」，提出「宇宙便是吾心，吾心即是宇宙」的命題。在陸九淵看來，理是不能脫離心的，「道未有外乎其心者，自『可欲之善』，至於『大而化之之聖，聖而不可知之之神』，皆吾心也。」因此為學之道並不是窮究外在的天理，而應當「發明本心」，「先立乎其大」。這樣，陸九淵便開闢了宋代義理之學的另一個方向——心學。心學與程朱理學在扶持綱常名教這一根本點上是一致的，但學術風格大相逕庭。

從南宋到明初，程朱理學處於統治地位，心學的影響不大。明成祖朱棣下令編纂《五經大全》、《四書大全》、《性理大全》，程朱理學被指定為官方哲學。直到明中葉，心學集大成者王守仁的出現方使心學勢力大增，並一度壓倒程朱理學。王守仁字伯安，浙江餘姚人。因隱居紹興陽明洞並創辦陽明書院，世稱陽明先生。王守仁在年輕時相信過程朱理學，他按朱熹「即物窮理」的辦法格竹子失敗後轉向陸學。他的基本思想與陸九淵一致，後人將陸學與王學合稱陸王心學。

《監本四書》書影王守仁繼承陸九淵「心即理」的觀點，建立了心學體系。他認為心外無物，形形色色的事物都是人心顯現出來的客體。「蓋天地萬物與人原是一體，其發竅之最精處，是人心一點靈明。」心外無物，當然也就意味著心外無理。針對朱熹「析心與理為二」的觀點，他說：「夫物理不外於吾心，外吾心而求物理，無物理矣。」總之，在他看來，心、物、理三者是一回事。他從內在性、主體性出發構築了「道德形而上學」的根基。

基於心理合一的心本體論，王守仁提出「致良知」之教和「知行合一」說。他認為認識的對象和泉源都來自心中固有的良知。「知是心之本體，心自然會知。見父自然知孝，見兄自然知弟，見孺子人井自然知惻隱，此便是良知。」他所說的良知是指人的道德意識，他認為這種道德意識要靠自我發現，不必向外探求。向內用功發現良知的過程叫做《二程先生全書》書影「致良知」。致良知和窮天理是一致的：「吾心之良知，即所謂天理也。致吾心良知之天理於事事物物，則事事物物皆得其理矣。」致良知既是知，又是行，所以他認為知行合一：「知是行的主意，行是知的工夫；知是行之始，行是知之成。只說一個知，已自有行在，只說一個行，已自有知在。」他強調知行統一，重視道德實踐，主張在事上磨煉，有合理的因素，但嚴重混淆了知行的界限。他把良知看成真理的標準，認為「良知便是你自家的準則，便是你的明師。」這種不以孔子之是非為是非的思想比較充分地體現出理性主義精神，要求擺脫程朱理學教條的束縛，包含著思想解放的因素。但在「存天理、滅人欲」這一理學的基本觀點上，王守仁同程朱倒是一致的。他聲稱「滅一分人欲，便是復得一分天理。」這就表明心學同程朱理學雖有分歧，但它畢竟是宋明理學的一大分枝。

朱熹行書墨跡宋明義理之學到王守仁這裡便宣告終結了。王學末流束書不觀，流為「狂禪」。到明末清初，宋明義理之學終於被考據之學取代。

到清末，義理之學再次抬頭，出現了清末今文經學。他們對脫離現實的考據學派表示不滿，主張結合政治改革闡揚儒家義理。清代今文經學的創立者是莊存與，他著《春秋正辭》，撇開名物訓詁，專講「大義微言」。劉逢祿承繼外祖父莊存與所傳家學，著《春秋公羊經何氏釋例》，發揮東漢何休《公羊解詁》中的「張三世」（據亂世、昇平世、太平世）之說。劉逢祿的學生魏源和龔自珍才真正把清末今文經學的義理探討引向現實政治。龔自珍主張「展布有次第，取捨有異同，則不必泥乎經史。」魏源利用《公羊傳》譏切時政，提出變法改制思想。廖平也是清末今文經學中有影響的人物，他斷言古文經是西漢末劉歆偽造的。廖平的這一看法為康有為採納，他在《新學偽經考》中指斥劉歆為幫助王莽篡漢立新偽造「古文經」，拉開了近代批判封建舊學的序幕。康有為作《孔子改制考》，注《論語》、《孟子》，利用《公羊》學提出「三世進化」說和「世界大同」論，宣傳資產階級民權、平等思想。康有為闡發的「微言大義」實際上已超出了儒學的範圍。他是清末最後一位今文經學大師，也是近代維新派的啟蒙思想家。他抨擊理學和漢學絞殺理性，呼籲「開智」、「求仁」，在義理之學中找到突破儒學藩籬的缺口。

考據之學

考據之學為漢代古文經學所開啟。古文經學講究名物訓詁，注意從文化傳統的角度闡發儒學。顧炎武像但是，由於古文經學家未能同讖緯神學劃清界限，限制了考據之學的發展。考據之學的長足發展是在清代。清代考據之學亦稱「樸學」，因其打著恢復漢代古文經學的旗號，又稱為「新漢學」。清代考據之學是對宋明理學的反動。明亡之後，一些有識之士痛定思痛，深刻反省江山易主的歷史教訓。他們認為宋明理學空談性命、脫離實際所造成的理論偏差是明亡的原因之一。為了避開宋明理學的誤區，他們主張從經典出發重新挖掘儒家義蘊。

顧炎武像清代考據學的創始人是明末清初傑出的思想家顧炎武。顧炎武字寧人，初名絳，曾化名蔣山傭，江蘇崑山人，學者稱亭林先生。清兵入關後，他和家鄉父老兄弟一起毀家紓難，組織義軍抗清。江南淪陷以後，他一直奔走各地，聯絡義士。他曾十謁明孝陵，準備舉事以圖復明。晚年深入西北，卜居華陰、富平一帶，致力於學術研究。他多次拒絕清廷徵召，不惜以死相抗，曾表示：「七十老翁何所求，正欠一死，若必相逼，則以身殉之矣。」針對宋明理學「明心見性之空言」，他提出「經學即理學」的口號。他「引古籌今」，主張經世致用，提倡實學，厭惡空談，要求把儒學當作「國家治亂之原，生民根本之計」。他指出，在孔孟時代並沒有單純的理學，理學本來寓於經學之中。這一傳統一直延續到漢代，漢儒治經注重名物訓詁，仍不脫離經世致用的宗旨。只是到了宋儒才附會經典，空談義理，到明代甚至發展到「束書不觀，游談無根」的程度。他痛斥王學末流「置四海之困窮不言，而終日講危微精一之說。」在他看來，宋明理學之所以流為空疏的虛學，是因其接受佛教禪學所致，從而離開了儒家的實學傳統。

針對宋明理學的弊端，顧炎武提出兩點主張：一是正本清源，一是由器求道。他說：「經學自有源流，自漢而六朝，而唐，而宋，必一一考究，而後及於近儒之所著，然後可以知其異同離合之旨。如論字者必本於《說文》，未有據隸楷而論古文者。」為了弄清源流，他主張先從音韻訓詁人手。他寫出《音學五書》，奠立了古音學的基礎。針對宋明理學家的道器對立論，他提出：「形而上者謂之道，形而下者謂之器。顧炎武故里非器則無所寓，說在乎孔子之學琴於師襄也。」他認為道器二者是統一的，要真正由器求得道，除了讀經書之外，還應當深入實際，同客觀事物相接觸。他畢生身體力行，實踐著自己的主張，一邊讀書，一邊考察山川地理、世俗民情，取得豐碩的研究成果。他寫的《日知錄》「凡經義、史學、官制、吏治、財賦、典禮、輿地、藝文之屬，一一疏通其源，考證其謬誤」，是清代考據學在初創階段的代表作。

閻若璩是繼顧炎武而起的另一位考據大師。閻若璩字百詩，號潛邱，祖籍山西太原，自五世祖遷居江蘇淮安。他沉潛經史二十餘年，撰《古文尚書疏證》。他在明代梅鷟的《尚書考異》的基礎上，引經據古，條分縷析，以大量確鑿的證據證明東晉梅賾獻的《古文尚書》以及《孔安國尚書傳》皆為偽書。經惠棟等人的補證，這一結論為學術界公認。這一辨偽成就對宋明理學是一沉重打擊。宋明理學家把《古文尚書．大禹謨》中「人心唯危，道心唯微，唯精唯一，允執厥中」說成「十六字心傳」，奉為堯、舜、禹一脈相承的儒家道統。原來所謂道統竟出自贗品，這就不能不引起人們對宋明理學學術價值的懷疑。不過，閻若璩並沒有像顧炎武那樣嚴厲地批判宋明理學，還說過「天不生宋儒，仲尼如長夜」一類的話。這反映出清初考據學同宋明理學還有千絲萬縷的連繫。

日知錄到乾隆、嘉慶年間，清代考據之學發展到鼎盛階段，湧現出乾嘉學派。

據《清經解》記載，當時從事考據的學者有一百五十七家，成書兩千七百二十卷，足見其規模之大。乾嘉學派的興起同清政府實行的文化高壓政策有關。文字獄使學者望而生畏，不得不躲進故紙堆裡討生活，丟去了清初顧炎武那種經世致用的積極精神。清統治者發現，這樣的考據學不但對自己的統治無害，反倒可以造成籠絡士林的作用。遂修正獨尊宋學的政策，對考據學也予以扶植。乾隆、嘉慶年間開設四庫全書館，延聘專家學者數百人整理古籍。乾嘉學派以四庫全書館為大本營迅速地發展起來。

乾嘉學派包括吳派和皖派兩支。吳派以惠棟為首。惠棟字定宇，號松崖，學者稱小紅豆先生。因其是江蘇吳縣人，故所創學派稱為吳派。他秉承家學，潛心經術，著作甚豐。主要有《周易述》、《古文尚書考》、《春秋補註》、《九經古義》等。惠棟治學主張尊古訓守家法，唯漢古文經是信，學風有些拘執。他在理論上的貢獻雖然不算大，但他卻是真正把考據學大旗撐起來的領袖人物。吳派的重要人物還有孫星衍、王鳴盛、洪亮吉等人。吳派的學風是博而尊聞，述而不作，他們在史籍整理、文獻考訂方面卓有成就，而在思想界影響甚微。梁啟超在評論吳派時說：「在清代學術界，功罪參半。篤守家法，今所謂『漢學』者壁壘森固，旗幟鮮明，此其功也。膠固盲從，偏狹，好排斥異己，以致啟蒙時代之懷疑精神，幾天閼焉，此其罪也。」梁啟超的這個評語切中肯綮，是比較公正、恰當的。

《孟子字義疏證》皖派不像吳派那樣偏執，他們尊漢而不迷信，學貴自得之見，比較注重思想性。皖派的領袖人物是戴震。戴震字慎修，又字東原，安徽休寧人。因其是安徽籍，故所創學派稱為皖派。乾隆年間修《四庫全書》特召為纂修官。他博聞強記，尤精小學，治學嚴謹。不僅對文字、音韻、訓詁、名物之學頗為精通，而且涉足天文、數學、水利、地理等自然科學領域。他在考據學方面的著作有《原善》、《原象》、《孟子字義疏證》、《聲韻考》、《聲類表》、《方言疏證》等。其中《孟子字義疏證》最能體現他的學術風格和思想觀點。他採取考據方法，揭露宋明理學的謬誤，重新闡釋儒學基本範疇，建立起自己的思想體系。

在理氣關係上，針對程朱的「理在事先」、「理在氣先」的觀點，戴震提出「氣化即道」、「理在氣中」說。他認為陰陽五行之氣構成世界的物質基礎，氣的運轉流行過程就叫做「道」。「道猶行也，氣化流行，生生不息，是故謂之道。」從動態的角度看，世界是道的運行過程，從靜態的角度看，世界是「器」即各種事物的總和。由此可見，道和器是統一的。他不同意程朱理學把道說成「形而上」、把器說成「形而下」的觀點，認為「形而上猶曰形以前，形而下猶曰形以後」，因此，道並不脫離形、脫離器，道就在器之中。至於理，也不過是氣化流行過程中的條理，絕不是如宋儒所說的那種抽象的實體。戴震對理的解釋是：「理者，察之而幾微必區以別之名也，是故謂之分理。」他分析說，宋儒「不徒曰天地人物事為之理，而其語曰理無不在，視之如有物焉」，必然割裂理氣、道器關係，將人引入虛幻之境，「使學者皓首芒然，求其物不得。」戴震把道、器、理、氣都統一起來，形成實學世界觀，同理學劃清了界限。

在理欲關係上，針對宋明理學「存天理滅人欲」的觀點，戴震提出「理存於欲」的觀點，主張「體民之情，遂民之欲」。他認為理是不能脫離欲的，滅掉了人欲，當然也就不可能保存天理。他說：「理也者，情之不爽失也。未有情不得而理得者也。」、「今以情之不爽失為理，是理者存乎欲者也。」理作為使感情欲望得以適當滿足的標準和尺度來說，必定同欲是統一的，而不是對立的。他痛斥宋明理學的理欲對立論冷漠嚴酷，不近人情，「以理殺人」，實際上把理變成尊者、貴者、長者手中的「忍而殘殺之具」。「尊者以理責卑，長者以理責幼，貴者以理責賤，雖失謂之順。卑者、幼者、賤者以理爭之，雖得謂之逆。」他控訴說：「所謂理者，同於酷吏之所謂法。酷吏以法殺人，後儒以理殺人。」戴震把宋明理學維護專制制度、禁錮人性的消極方面揭露得淋漓盡致，從「理存乎欲」的觀點出發，戴震主張「遂己之欲者，廣之能遂人之欲；達己之情者，廣之能達人之情。」透過對「存理滅欲」說的批判，戴震重申了儒家關心「國事民瘼」的民本主義思想。

除了戴震之外，皖派的重要人物還有王念孫、王引之、段玉裁、孫詒讓等人。他們在思想理論深度上雖不如戴震，但也都能發揚通人情、致實用、斷制謹嚴的學風。王念孫精研古音，精通訓詁，所撰《廣雅疏證》占有材料廣泛，博采眾家，實事求是，具有很高學術價值。王引之的《經義述聞》和段玉裁的《說文解字注》也堪稱經學和小學中的名著。孫詒讓的《契文舉例》首開甲骨文研究的先河。儘管在他們身上存在著考證過於細密、繁瑣的缺點，但他們所取得的學術成就還是應當肯定的。

章炳麟是清代考據學的最後一位大師。章炳麟字枚叔，別號太炎。他早年傾慕顧炎武，曾師事考據學家俞樾。他對清代考據學加以總結，選擇精粹，編為群經新疏。其中有：惠棟《周易述》、江藩和李松林《周易補述》、張惠言《周易虞氏義》、江聲《尚書集注音疏》、孫星衍《尚書今古文註疏》、陳奐《毛詩傳疏》、孫詒讓《周禮正義》、胡培翚《儀禮正義》、劉文淇《左傳正義》、陳立《公羊義疏》、劉寶楠《論語正義》、皮錫瑞《孝經註疏》、邵晉涵《爾雅正義》、郝懿行《爾雅義疏》、焦循《孟子正義》。他撰寫的《新方言》、《文始》、《小學答問》、《國故論衡》等論著，在考據方面也多有創獲。不過，章炳麟作為近代啟蒙學者，並沒有把自己限制在考據學的小天地裡。他努力學習、研究、介紹西方學術思想，致力於創立新的思想體系。他首先是一位資產階級思想家，其次才是一位樸學大師。

孔子學說

孔丘，字仲尼。中國春秋末年的政治家、思想家，是儒家學派的創始人。孔子像相傳，孔丘的祖先是殷人的後代，宋國流亡貴族，後來才在魯國陬邑（今山東曲阜）定居。他三歲喪父，自幼貧且賤，早年做過小官，少年時就懂「禮」，曾做過喪事贊禮的「儒」這一職業，中年開始招收弟子講學，五十歲時在魯國從政，政績顯著。後來開始周遊列國，以求施展政治抱負，可惜一路艱辛，未能如願：拘於匡，畏於宋，餓於陳、蔡。七十歲時返回魯國，從事文化典籍的整理工作。曾編輯《尚書》，整理《詩經》，考訂《禮》、《樂》，刪修《春秋》，研究《周易》。七十三歲時病逝。

孔子生前的言論由門徒記錄整理，後編成《論語》一書。

孔子的思想以仁學為主，他所講的仁，可以說是一種政治思想、一種道德標準，或是培養人的最終宗旨。孔廟杏壇孔子首次把仁作為一種哲學範疇提出來。在他看來，仁就是仁愛之心，仁的要求是「己欲立而立人，己欲達而達人」，「己所不欲，勿施於人」。以仁為核心，他還提出了孝、悌、忠、恕、寬、信、惠、敏、恭、直、溫、良、儉、讓等道德規範。

「四書」、「五書」書影孔子的另一重要思想是禮和正名。他看到當時「禮崩樂壞」，想恢復周禮。他的禮，既是政治制度，又是道德規範，還包括禮儀、禮節。在當時名不符實的情況下，孔子還提出正名，以正名來引導當時的風氣，他認為「名不正則言不順，言不順則事不成，事不成則禮樂不興，禮樂不興則刑罰不中，刑罰不中則民無措手足」。在他孔廟大成殿看來，只有名實相符，社會才會興禮樂，才能長治久安。孔子主張德政，首先教化、引導人民知「禮」。德政的主要內容是保民、惠民、恤民、養民、富民。他主張統治者注意自身修養，「修己安人」，以身作則。

孔子的一生大部分時間是從事文化教育事業。他開創私學，廣收門徒，號稱弟子三千，身通六藝者有七十二人。在世時，人們就尊其為「孔聖人」。孔子編訂的「五經」奠定了儒家基礎，儒家在漢代以後成為文化主流。

子思學說

子思是孔子的孫子，傳說《中庸》就是他寫的。

在孔門弟子中，多把仁、孝看得很重，過分的孝把個人埋沒在家庭倫理之中，導致兩個極端：或是極端的個人為主，如與墨子同時的楊朱，不肯「損一毫利天下」，反對利他主義對社會成員自主自然能力的破壞；一種是極端的為人，如墨家以「視人之身若其身，視人之家若其家，視人之國若其國」。鑒此，子思要求對個人角色重新反思，以達到「知道」的目的。

《中庸》是繼《大學》後又一闡明人求知的重要和求知的方法的著作。在求知中，《中庸》最重一個「誠」字，「誠者，天之道也。誠之者，人之道」。對夏商周建立起的禮制禮法，不是被動地接受，而是「誠之」，即充分發現個人的本性。《中庸》透過誠而能盡人之天性；能盡其天性則能盡萬物之性；能盡萬物之性，則可以贊天地的化育，則可以與「天地參」。

《中庸》的至高目的，就是要充分認知人的天性，使自己配天，可與「天地參」。

孟子學說

孟軻，戰國時鄒（今山東鄒縣）人。他以孔學繼承者自居，歷史上將孔、孟並稱，即所謂「孔《孟子》書影孟」之道。在政治思想方面，孟軻發展了孔丘的「仁」學和「德政」學說，形成了完整的仁政思想。他把治國之道分為「王道」和「霸道」，認為統一天下只能用仁政。

孟軻提出「民貴君輕」的思想，說：「民為貴，社稷次之，君為輕。」、「得其民心者得天下」是他的至理名言。他認為得民心的主要措施是「教民」、「養民」。教民以道德禮教，養民則是使人民生活有保障。他極力反對「虐民」、「暴民」，他認為殘害百姓，必失天下。但是他的「仁政重民」是以另一種思想為根源的，他的「勞心者治人，勞力者治於人，治人者食於人，治於人者食人」的論調，是為了維護一種封建君權秩序，防止「賊民興」，即防止人民起義。

荀子學說

荀子，名況，字卿，趙國（今山西南部）人。《荀子》內頁據《史記》記載，荀子在五十歲時到齊國遊學，曾在齊國都城稷下學宮講學，任學宮之長。後又人楚，還曾西遊入秦，議兵於趙。晚年罷官居蘭陵，從事著述。後經人整理成《荀子》一書，共十卷，三十二篇。

荀子以儒家自居，推崇孔丘，但對孔子的學說思想是批判地吸收。他否定了天命思想，認為：「天行有常，不為堯存，不為桀亡。」所謂天就是一切自然界，天的運動不摻雜人的意志，而有其自身運動的規律。人要遵循自然界的規律才能得到好的結果，否則會受到規律的懲罰。其政治思想主要是「隆禮」和「重法」。他認為「禮義者治之始也」，「法者，治之端」。「隆禮尊賢而王，重法愛民而霸」，主張禮法兼治，王霸並用。

荀子在中國哲學史上首次對精神和形體關係作出了客觀的回答。他認為人的精神現象乃是人的自然生理功能，即所謂「形具而神生」。對人性的認識上荀子主張「性惡論」。認為人生而好利，生而有耳目聲色之欲。否定天賦道德觀，強調後天教化作用。另外，荀子對中國古代邏輯思想也有很大發展和推進。

周敦頤儒學

周敦頤，原名敦實，字茂叔，道州營道（今湖南道縣）人。中國北宋哲學家，宋明理學的開創者，「北宋五子」之一。晚年曾在廬山建濂溪書堂講學，故又被世人稱為「濂溪先生」，其學為「濂學」。

周敦頤在儒家哲學上，建立了「無極而太極」的本體論。他認為世界的本原是實有而非物、本無而不空的絕對體。這個絕對體演生陰陽而生五行，五行生成萬物。

周敦頤的學術思想來源於對《周易》思想的研究，用《周易》之易理來解釋宇宙萬物。同時，他把人的至善本性與「乾元」相對應。在他看來，人的本然之性，來源於誠，誠來源於乾元。

不管是否與易經相演配，他畢竟為儒學的研究開拓出一條新路。

二程理學

二程，就是北宋哲學家、教育家程顥和程頤。二程是兄弟，同學於周敦頤，開創洛學，奠定了宋明理學的基礎。

在哲學上，二程同把「理」作為哲學的最高範疇，認為萬物出自一，「理」。有「理」就有「氣」，氣聚而成萬物人類。要認識這個「理」則需透過格物致知的方法。程顥進一步認為，在認識客觀事物的「理」的同時，要與內心的理相契合，才算是得到「真知」。

程頤認為，「理」是人內心本所固有的，主張反躬內求的修養方式，透過「去人欲」而「存天理」，進而演出要「克私己之利欲而維護綱常」的倫理。程頤還提出「氣稟」之說，認為人的賢愚是由先天稟氣決定的，否定後天的修養成分。

二程的學說為南宋的朱熹所繼承發展。二程的不同認知觀，導致了洛學的分化，為南宋的「理學」和「心學」兩個學派的形成提供了思想因素。

二程的主要著作有《二程全集》，程顥的《識仁篇》，程頤的《周易程氏傳》等。

朱熹學說

朱子，名熹。徽州（今江西）婺源人。中國南宋哲學家，宋明理學的集大成者。因他生於福建，他所建立的學派稱為「閩學」。

在宇宙觀上，朱熹認為理為世界本原，理生於萬物而存在。對理、氣的關係，他提出「理氣相依」、「理在氣中」的思想。在認識這個「理」時，他認為人人心中有「已知之理」，但需要透過再認識事物才能達到。

朱熹把自己的理學推及社會和道德領域，提出「存天理，滅人欲」的思想，把天理和人欲對立起來，帶有禁欲主義色彩。

朱熹的理學為一直以正統自居的儒學帶來了又一次興盛，被元、明、清各代奉為官方哲學，對中國社會產生了深遠影響。

第二章 道家思想（上）

老子哲學

老子的姓名字號，歷來說法不一。據《史記．老子列傳》，老子姓李，名耳，字聃。楚國苦縣（今河南鹿邑縣東）人。約生於西元前五百八十年，卒於西元前五百年。曾做過周王朝掌管圖書的史官，接受過孔子詢問古禮的請求。一說老子即太史儋，或老萊子。

老子的思想流傳下來有文字可考的是《老子》一書。一般認為，《老子》這部書是經過他這一學派編寫的，僅有五千多字，是用韻文寫成的一部非常抽象概括的讚頌體的哲理詩，其中吸收了不少民間謠諺，通俗易懂，便於流傳。書中包括的思想基本上可以代表老子的思想，是老子學派的重要典籍。在中國哲學史上，老子第一個提出「道」這一最高範疇，用它概括事物存在與變化的最普遍的原則和規律，並作為宇宙本體論中的核心概念。

「道」原稱「天道」，出現在春秋時期，指天象運行的規律，同時也包括人生吉凶禍福的命運規律。史官出身的老子，深受天道觀的影響，吸取了道與天道的涵義，用來概括為永恆循環運動著的宇宙本體，以及宇宙運動的總過程。

關於「道」，《老子》書中概括說：「有物混成，先天地生。寂兮寥兮，獨立而不改，周行而不殆。可以為天下母。吾不知其名，字之曰道，強名之曰大。」這裡講的「道」與「大」是力圖把道的兩個內涵區分開來，當「道」的內涵指「宇宙運動的過程」時，稱作「道」，猶如道路、行徑，猶如「天道」指天象運動的規律一樣；當「道」指「宇宙萬物的本體」時，又可稱作「大」、「一」，如「萬物得一以生」，猶如母生子，深邃幽遠的宇宙本體產生於天地實體之先，不靠外力而生存，不靠他力而循環往復地運動著，包藏著玄妙的事物本性，包藏著產生萬物的無限生機，是天下萬物的創造者。因此，《老子》中的「道」，是對宇宙自然、萬物起源的一種假說，是對宇宙自然中萬物運動變化規律的抽象概括。在老子這一哲學學派中，「道」能代替「大」、「一」的概念而專指事物的本體，但「大」、「一」的概念不能反過來替代「道」去括指事物運動的總規律以及運動的過程。畫漢畫像磚西王母像以《老子》這種宇宙本源核心論為出發點的「道」。在後代道教典籍中多述作「玄道」、「人道」、「真常道」、「無上正真大道」等，都是指天地萬物的本根、本原、總系，都是以老子哲學思想中把「道」作為本體論的核心為基礎的，同時加以宗教化改造而成的。老子本人由歷史人物逐漸神化為道教的教祖，道教之所以以「道」命名，當與《老子》這部經典的思想體系的核心命題有直接的關係。

作為本體論核心的「道」，具有「有」、「無」兩種性質。《老子》認為：「道之為物，唯恍唯惚。惚兮恍兮，其中有像；恍兮惚兮，其中有物；窈兮冥兮，其中有精，其精甚真，其中有信。」這就是說真實存在的實體，並不是空無所有的「虛無」、「真空」，其中包涵、孕育著能產生、派化出其他有形象、有性質的「實有」、「物有」。因此，一切有形有像的東西都是從無形無象的東西衍生而來的，而且這一有具體形象和性質的東西不能再創造出與之完全相同的物體。「有生於無」，便是宇宙生命論的核心，「有」和「無」便是「道」具有的兩種性質。

《老子》認為「道」是「無」和「有」的對立統一體。「無」指「無名」、「無形」，如「道隱無名」、「道常無名」、「大象無形」，這樣的「無」，並不是指一無所有的空無、虛無，而是指構成世界的無名無形的混沌狀態，是用語言無法描敘的最最原始的階段，它沒有任何物質屬性和具體形象，它超越於物質世界之上，成為物質的源泉。因此，所謂的「無」，絕不是與「有」相對峙的空虛部分。「道」作為「萬物之母」派生物質時，則稱為「有」、「有像」、「有物」、「有精」等，它是構成一切有形有像的東西的基礎。「有」與「無」對立而統一，相互依存相互作用，「有之以為利，無之以為用」，「有」作為實體，「無」作為利用，猶如有了器皿中間的空間，才能盛水，盛食物；有了車轂中間的空間，才有車輪的均速平穩的轉動；有了門窗四壁的空間，才有房屋的作用。因此，「天下萬物生於有，有生於無」。

有無相生，就是從無形無象衍生出有形有像的過程，即：由道化生出本質「一」，由「一」化生出母源的「二」，由「二」化生出原始事物的「三」，再由「三」化生出大千世界中的萬物，這就是《老子》宇宙生成論的「道生一，一生二，二生三，三生萬物」的理論。《老子》的「生」，包含有「化生」、「母生」、「生生」、「分化」的生機能源，因此，「道」和「物」既是整體和局部的關係，同時也體現了近似「母」與「子」的相生關係。

有了「道」的存在，萬物才得以產生，並進一步分化繁衍生生不息。因此，《老子》的「道」作為宇宙本體論的核心，似乎是帶有精神原則性的東西，具有廣泛性、概括性，同時更具有普遍規律的意義。

老子提出「道」是「象帝之先」，即產生於上帝之先。世界的變化是由道所決定的，而不是由後生的上帝決定的。「道」對於萬物「生而不有，為而不恃，長而不宰」，就是說，「道」產生世界中的萬物，供人利用，供一切生物維持生存，但不憑藉這樣的功績作為資本，也不主宰一切而為所欲為。正因為「道」有這樣的內涵，才具有巨大的化育萬物的力量，「以其終不自為大，故能成其大」。「天地不仁，以萬物為芻狗」，指出天地沒有仁與不仁，宇宙中萬事萬物自生自滅，絕不是上帝能指揮主宰的。自然界的生生滅滅，是無意志、無目的的表現，所以《老子》認為「道常無為而無不為」。「道」是產生自然萬物的總根源，因此，「道」是「無不為」的；「道」並不是有意識有目的地構成世界萬物，所以，它又是「無為」的，同時，「無不為」是以「無為」為條件的。

老子及老子學派針對西周以來長期占統治地位的上帝有知、天道有為的宗教思想，提出「天道自然無為」的唯物主義無神論學說，這是他們在中國哲學史上的貢獻。

不可言說的「道」，是神祕而難知的本原，因為看不見、摸不著、聽不見，人們要認識這一切，不能憑藉耳、目、手等器官，只有「人法地、地法天、天法道、道法自然」。「唯道是從」，才能把握這個世界。這裡所說的「道」即是「一」，是「萬物得一以生」的宇宙本體。在老子看來，認識就是以「道」觀物，只要得了

「道」，就可以認識萬物，知道一切，就可以彌補人類感官不能獲知的東西，「不出戶知天下，不窺牖見天道。其出彌遠，其知彌少，是以聖人不行而知，不見而名，不為而成」。這裡，老子提出了抱本守一的認識論，本體「一」是「母」，是源頭，抱守永恆的本體就是「知常」，「知常日明」，因此「智慧出」。

西漢畫像磚仙人像《老子》指出人的認識是對於客觀世界的反映，因此，認識只能透過實踐，開始於感官經驗。認識事物，要根據事物的本來面貌，主張要「以身觀身，以家觀家，以鄉觀鄉，以天下觀天下」。就是說，認識一身，必須從一身來觀察；認識一鄉，必須從一鄉來分析；認識個別的、具體的事物，可以透過學習，日積月累，去增加知識，所以老子認為「為學日益」。但要認識最高原理、認識宇宙規律的「道」，必須排除感官經驗，從有限的感覺中解脫出來，透過理性思維，使認識深刻化，這樣才能知「天地根」。

因此，老子提出了「滌除」、「玄覽」兩個認識過程，「滌除」指洗滌思想、心靈中的汙垢，摒除內心雜念的干擾，排除主觀成見，保持客觀態度。「玄覽」指用深遠的思維去考察事物本質所蘊含的哲理，這樣「致虛極，守靜篤」，抱本守一，就可以知曉天下，「萬物並作，吾以觀復。夫物藝藝，各復歸其根」，掌握事物的根本規律。

老子的「道」的至高無上性和神祕性，為道教神學提供了哲學基礎，老子「靜觀」、「玄覽」的認識論，「專氣致柔」的養生學說，自然無為、貴柔貴謙的處世哲學，又成為道教修煉方法和出世思想的理論依據。然而，老子從哲學家衍變成道教教主是經過相當長的歷史時期的。東漢時，受佛教影響，楚王英「喜黃老學，為浮屠齋戒祭祀」，桓帝親祭老子於濯龍宮，並在宮中「立黃老浮屠之祠」。張陵初創五斗米道時，沒有本《老子》之說建立宗教體系，張修、張魯則奉《老子五千文》為教典，在《老子想爾注》中就以老子為教祖，上封「太上老君」尊號。唐朝時，由於帝室認老子為宗祖，道教被稱為「老教」，施行了一系列崇奉老子的措施。在儒、釋、道三教中列於首位，於是老子的教祖地位得到各道派的認同。從此，哲學家的老子成為中國道教的教祖。

莊子哲學

莊子名周，字子休，宋國蒙（今河南商丘東北）人。曾做過漆園吏。博學善辯，常用寓言闡述玄妙的哲理。著書十餘萬言，現存《莊子》三十三篇。漢以後將《莊子》分為內篇（七種）、外篇（十五種）和雜篇（十一種），一般認為內篇是莊子自己的著作，代表莊子的思想，外、雜篇則是莊子後學或道家其他派別的著作。

莊子的哲學思想源於老子學派，繼承和發展了老子「道法自然」、「天道自然無為」的世界觀。《大宗師》說：「道有情有信，無為無形。可傳而不可受，可得而不可見。自本自根，未有天地，自古以固存。」《齊物論》說：「有始也者，有未始有始也者，有未始有夫未始有始也者；有有也者，有無也者，有未始有未也者，有未始有夫未始有無也者。俄而有無矣，而未知有無之果孰有孰無也」，就是說，世界有它的沒有開始，有沒有開始的開始，世界的源頭是找不到、分不出來的，假如用「有」、「無」來辯論，也是「沒有有和無」，以至連「沒有有和無」也沒有。因此，世界宇宙的本源是無名無形的、非物質的東西，超越了認識範圍，是不可言說的神祕的精神性的本體。

莊子反對上帝，反對有一個造物主，宣揚天道自然無為的論點。但他在擺脫了目的論的同時，又陷入了宿命論的範疇。《德充符》稱：「死生、存亡、窮達、富貴、賢不肖、毀譽、饑渴、寒暑，是事之變、命之行也」，宣稱「命」是主宰人類的，人類的力量是無法超越的，在道或自然面前，人類只能聽其擺布而已。這裡，莊子趕走了上帝，請來了「命運」之神，這種思想為以後道教的產生，打開了方便之門。

莊子認為宇宙世界是不可知的，因此，在以「形而上者」為認識對象時，表現為神祕主義的不可知論，而在以「形而下者」為認識對象時，則表現為相對主義的詭辯論。將認識和無認識混為一談，對認識的性質，以及人們主觀認識能力全盤否定，認為「知其不可奈何而安之若命，德之至也」，認為「知止其所不知，至矣。」否認了人的認識能力，排斥了外向型的認識思維方式，而代之以內向型的精神意向為主導的思維方式，提倡「以神遇而不以目視，官知止而神欲行」；提倡「無聽之以耳，而聽之以心；無聽之以心，而聽之以氣」，倡導用「坐忘」、「心齋」的方法，使自己的思維超脫於世俗之上，以求在自我內向觀照直覺中，運用自我情感體驗，來與天道自然冥合。莊子這種神祕主義的精神體驗認識論直接為道教所吸收，發展成道教中重要的修煉方法。

老子學派反映了春秋戰國時代沒落階級急遽變化的意識，莊子學派又進一步發展，從客觀唯心主義轉到主觀唯心主義，以清靜淡泊，全性保身為旨趣，更趨於消極頹廢。老莊之學成了後世遁跡逸民的全身之術，同時也影響到道教的教義。道教中不少名稱術語，如「太初」、「太清」、「太素」、「太始」、「一氣化三清」、「三一混合」等都直接取自《莊子》一書。

魏晉南北朝之際，士大夫趨尚玄學，歸趣莊老，認為老子導莊學之源，莊子揚老學之波，推崇《莊子》、《老子》、《周易》為三玄，莊子的學術思想才開始在學術界產生深刻的影響。至於道教，即使在晉南北朝《莊子》學風氣大熾之時，也沒有與《莊子》發生什麼實質性的關係，即便有道士也好其學，也沒有因此產生新的道教理論。至唐代，道士成玄英註疏《莊子注》，稱：「《莊子》者，所以申道德之深根，述重玄之妙旨，暢無為之恬淡，明獨化之窅冥。鉗楗九流，括囊百氏，諒區中之至教，實像外之徵言者。」發揮《莊子》恬淡、獨化、無為、重玄的思想，使之與宗教超脫精神結合起來，這一思想傾向，在唐中葉時期，頗具影響。玄宗開元二十年置崇玄學，令生徒誦習《老子》、《莊子》，策試亦有《莊子》條。天寶元年二月，詔封莊子為南華真人，這樣就透過術業與宗教雙重手段，將莊子與道教緊密地結合起來了。

早期道教

道教所謂的「道」，從宗教教義上講，源於古代神道設教的「神道」。《周易．觀卦象辭》有：「觀天之神道，而四時不忒。聖人以神道設教而天下服矣。」《中庸》有：「鬼神之為德，其盛矣乎？視之而弗見，聽之而弗聞，體物而不可遺，使天下之人，齋明盛服，以承祭祀。」鬼神崇拜，使道家思想與神道合流，以致先秦以來的方術、巫祝、符咒、占卜、煉養等也被早期道教吸收過來成為部分傳教手段和齋醮內容。

西漢時期董仲舒的調陰陽、順四時、序五行，以政令配月令的陰陽五行遞變說也深刻地影響著道教的產生。張陵草創五斗米道於巴蜀地區，就把道區分為二十四治，各配以陰陽、五行，上應二十八星宿，下應二十四節氣。早期道教經典《太平經》中也充滿著這種思想，《黃庭內景經》以五行配五臟；《周易參同契》以卦爻配陰陽五行，以闡述道教煉丹用藥的火候。

早期道教思想在剛形成時，就吸收了大量的儒家思想，尊崇天、地、君、父、師的倫理制度，並以忠、孝、仁、義為收徒的主要條件，認為：「欲求仙者，要當以忠、孝、和、順、仁、信為本。若德行不修，而但務方術，皆不得長生」。

道教草創時期也吸收了墨家尊天明鬼、勤勞互助，自食其力的思想。章太炎《黃巾道士緣起》說：「神仙之說，漢末或托老子，與其初旨背馳。今之黃巾道士，起於張陵、張魯之倫；其『奸令』、『祭酒』，雖主習《老子五千文》，本非虛無貴勝之道，而亦不事神仙，但為禁解劾治而已。斯乃古之巫師，近於墨翟，既非老莊，並非神仙之術也。……漢晉後道士，皆其流也」。道教早期經典《太平經》中強調：「人各自衣食其力」，宣揚自力更生，勤儉樸實，互助互利，這一原則與精神承襲了墨子「賴其力者生，不賴其力者不生」的思想。

此外，早期道教的形成，還是黃老思想的衍變和老子宗教化、神仙化的產物。在經歷了秦末農民大起義和楚漢相爭的戰爭之後，漢初統治者迫切要求「休養生息」，遂假借黃帝之言，以黃為本，以老為宗，宣揚無為而治的經世治國術。此時，推崇老子作為道家思想的代表，為使道家在同「祖述堯舜，憲章文武」的孔孟儒家相抗衡中取得優勢，便把黃帝抬出來，排在首位，把老子作為黃帝「修德振兵」思想的繼續，從而以「黃老」並稱。這兩種思想的合流，稱為「黃老道德之術」。司馬遷《史記》，不以墨家崇尚的夏禹、儒家尊稱的堯舜為中華文明的源頭，而是把黃帝作為創建中華文明的始祖，「論大道則先黃老而後六經」，正是當時崇尚道家思想的反映，同時也是道教推崇老子為宗主的先河。

西漢政權鞏固之後，黃老之學作為治理國家的指導思想已經不合統治者的胃口了，漢武帝斷然拋棄了它而獨尊儒術，黃老之學遂逐漸分衍成幾個支派，一種是轉而研究老莊之學，改政治主張為學術和方術，如西漢後期嚴君平的《老子指歸》、東漢時期的《老子河上公注》。另一種是變為吸收老子哲學思想中「守雌」、「柔弱」的思想，退隱世事，鑽研養生術，推崇黃老作醫藥之祖，老子與彭祖並列為神仙養生家，直接為道教養生學所吸收。還有一種是發展成「上標老子，次述神仙」的神仙說，把有修養的人分為「神人」、「至人」、「真人」、「化人」，「肌膚若冰雪，淖約若處子，不食五穀，吸風飲露，乘雲氣，御飛龍而游乎四海之外」。這些思想對道教長生成仙信仰的形成產生了極大的影響，道教信奉的仙人、神人，就是這些真人、至人，不食五穀，乘風駕霧，來去無蹤的超人，是具有種種超越凡人能力的或具有某種神靈功能的不死的人。黃老學說的分衍，為道教的形成孕育了思想源泉，道教尊崇黃帝、老子，並奉老子為教祖，也與這種歷史背景有直接關係。

西漢之際佛教的傳入，佛經文典的翻譯，宗教儀式的活動，直接影響了漢民族的生活。刺激了民族感情與宗教意識，激發起創立一種表現中國傳統的民族宗教來對抗外來宗教的熱情。因此，在東漢順、桓帝時期，張陵在巴蜀地區草創五斗米教；靈帝時，張角創，代表著早期道教的產生。

第三章　道家思想（下）

太平道

據《後漢書》記載，東漢末方士于吉（一作干吉、干室）在曲陽泉水上得到神書《太平清領書》一百七十卷。順帝時，于吉弟子宮崇將該書獻給朝廷，順帝認為此書中「多巫覡雜語」、「妖妄不經」之談，不予採用。桓帝時，襄楷再次上書推薦，仍不受重視。靈帝熹平年間，河北鉅鹿人張角得到《太平清領書》後，把民間巫術與黃老崇拜相結合，創立了太平道。張角自稱大賢良師，奉事黃老道；畜養弟子，利用符咒手法，為民眾治病，組織群眾，宣傳太平教義，傳播奉天地、順五行、清大亂、致太平的政治理想。東漢末年，外戚、宦官專權，豪強之間武裝割據，大地主兼併農民土地，使下層民眾特別是農民生活悲慘，他們迫切需要擺脫貧困和災難，需要精神上的寄託和安慰，需要可依賴的組織來代替被解體的村落共同體。因此，以「黃天」代表民眾，以「蒼天」代表統治者，「蒼天已死，黃天當立」這種有宗教和讖語色彩的符命說很容易將民眾吸引到宗教革命的大旗下。太平道的革命性並不是從宗教教義中自發引申出來的，而是社會動亂和階級壓迫的產物，是宗教旗幟下現實的政治主張和革命行動。所以，僅十餘年間，信徒達數十萬人，遍布幽、徐、冀等八州，設置三十六方，大方萬餘人，小方六、七千人，各立主帥，終於在靈帝中平元年爆發了規模浩大的黃巾起義。歷經十個月而遭到鎮壓。

幾年後，青、徐兩州的黃巾軍再次起義，活動於北海、勃海二郡之間，一度受挫於公孫瓚，後來轉入兗州任城、東平等地，部眾發展到百萬餘人。出於政治上的需要，曹操併了這支起義軍，但把軍隊中精壯的改編為「青州兵」，其餘的作為屯田戶，青州兵的家屬按照「士家制」的慣例，徙居於鄴城附近。五斗米道北徙後，特別是徙鄴的一支由於其地域關係，必然會與太平道交融，逐步取代了原來的太平道，在趙魏之地形成一種潛在的強勁的道教勢力。

五斗米道按道教的傳統說法，五斗米道的創始人是張陵，後世亦稱張道陵、張天師、祖天師。《魏書．釋老志》有：「張陵受道於鵠鳴，因傳天官章本千有二百，弟子相授，其事大行。」又《三國志．魏書．張魯傳》曰：「祖父陵客蜀，學道鵠鳴山中，造作道書，以惑百姓。從受道者出五斗米，故世號米賊。」張陵傳道於巴郡。巴人張修是張陵的弟子，學道後布道於陝西漢中地區，發展自己的信徒，形成自己的體系，成為五斗米道的另一支派。據《三國志．魏書．張魯傳》注引《典略》說：「熹平中，妖賊大起，三輔有駱曜。光和中，東方有張角，漢中有張修。駱曜教民緬匿法，角為太平道，修為五斗米道。太平道者，師持九節杖為符祝，教病人叩頭思過，因以符水飲之，得病或日淺而愈者，則云此人信道。……修法略與角同，加施靜室，使病者處其中思過。又使人為奸令祭酒，祭酒主以《老子五千文》，使都習，號為奸令。為鬼吏，主為病者請禱。請禱之法，書病人姓名，說服罪之意。作三通，其一上之天，著山上；其一埋之地；其一沉之水；謂之三官手書。使病者家出米五斗以為常，故號曰五斗米師。」從這段文字中，可以認為張修在漢中建立了較粗糙的宗教組織，教內規定了以《老子五千文》作為五斗米道的主要宗教經典，這就把先秦時期哲學家的老子變為替道教立言的聖人；道家老子學派的思想，變為早期道教的主要宗教教義。其次，在漢中張修五斗米道團中除了一般信徒外，已有了簡單的教階品位和神職人員的分工。教內人員分為：信徒、鬼吏、祭酒、奸令祭酒四等，鬼吏是初級神職人員，主要教務是為信徒作懺悔思過和治病請禱；祭酒主要是在教徒中宣講《老子五千文》；奸令祭酒則督察布道教務等事務；張修本人則號為五斗米師（後來張魯奪取教權後改為祭酒和治頭大祭酒）。第三，張修創建靜室制，用作施道悔過的專門場所。靜室又名靖室，原為五斗米道方治中的設置，後奉道之家皆設立，成為道教的一個制度流傳下來。第四，張修創建了三官手書制。三官指天官、地官、水官，信徒請鬼吏把本人的姓名、懺悔服罪內容書寫在一定規格大小的黃色紙條上，一張焚燒，以向之天；一張掩埋在地下；一張放置瓶罐中沉入水裡，表示透過天地諸神。這種透過道教神職人員與世間神界通達的管道一直沿用到唐宋明清之際，並且成為道教齋醮儀式中的重要內容。

從這段史料中，還可以看出，漢中地區的五斗米道具有濃厚的巫風。在宗教法術上，以病人叩頭思過、符水治病為主要手段，受當時西南、陝南少數民族留傳下來的原始巫術影響。「其俗徵巫鬼，好詛盟，投石結草官，常以盟詛要之」。創立三官手書，通達神靈，也使得張修能順利進行傳道工作，擴大影響，在漢中建立較穩定的群眾基礎。西元一八四年，黃巾起義爆發後，張修也帶領道徒起義，攻打郡縣，但很快被統治者鎮壓了，張修逃亡隱匿起來。後來劉焉割據益州，奉行五斗米道，張修投奔，封為別部司馬，與督義司馬張魯合兵攻打漢中。漢中攻陷後，張魯伺機暗殺了張修，奪取了他的部隊兵權，占據一方。張魯祖述張陵的道權，掌管了巴郡和漢中的五斗米道，繼續用宗教手段推行教化；淳正風氣，集教權與政權於一身，實行政教合一的統治。

張魯割據漢中後，「因其民信行修業，遂增飾之。教使作義舍，以米肉置其中以止行人；又教使自隱，有小過者，當治道百步，則罪除；又依月令，春夏禁殺；又禁酒。流移寄在其地者，不敢不奉」。張魯對五斗米道的「增飾」，不僅這些，《三國志．魏書．張魯傳》又有：「魯遂據漢中，以鬼道教民，自號『師君』。其來學道者，初皆名『鬼卒』。受本道已信，號『祭酒』，各領部眾，多者為治頭大祭酒。皆教以誠信不欺詐，有病自首其過，大都與黃巾相似。諸祭酒皆作義舍，如今之亭傳，又置義米肉，懸於義舍，行路者量腹取足，若過多，鬼道輒病之。犯法者三原，然後乃行刑。不置長吏，皆以祭酒為治，民夷便樂之。」從這段史料中可以看出，張魯在漢中舊有的米道教團基礎上，重整了教階制度，實行政教合一的政權組織形式；設置義舍，救濟安置流民；用宗教手段去鄙俗，禁殺戒，推行教化。這樣，在漢末戰亂不息的歲月中，巴、漢一帶借助五斗米道的教勢，形成一個局部安定的社會環境達三十年之久，這是張修、張魯對歷史作出的貢獻。

道教是在一個較長的過程中形成的，它的創始人不止張陵一個。前期史料中關於張氏祖孫傳說占了主導地位，後世道教徒的渲染，更是為了某種宗教上的，或是政治上的目的。實際上，在五斗米道發展過程中，張陵草創於巴蜀；張修建立了五斗米道的宗教組織形式，確定《老子》為宗教經典，實施了早期宗教儀式；張魯豐富了教義，嚴整了教規，建立了政教合一的體制。這一切都為五斗米道發展成天師道正一派，成為道教正宗奠定了基礎。

獻帝建安二十年曹操攻占漢中，張魯投降。不久，劉備又興兵漢中，當地民眾多隨曹軍北遷。這樣，五斗米道的信仰從西南流傳到北方關隴、洛陽、鄴城地區，教內上層首領們受曹魏統治者的收買，蛻變為利用宗教維護現政權的幫兇，五斗米道的教義逐漸與統治階級的利益相結合，發展成魏晉時期北方道教的主要流派。其另一支，由張魯第三子張盛東傳至江西龍虎山，成為後來正一天師教。

如果說，張角的太平道，巴蜀地區張陵、漢中地區張修的五斗米道同屬於東漢末年中國社會底層民眾的宗教，那麼，張魯增飾改革後的五斗米道可稱為地方勢力割據一方的政教工具。作為政教工具的五斗米道以宗教意識統治民眾，以宗教教團控制民眾，以宗教戒儀約束民眾，以宗教術數拘制民眾。歷史證明，道教從它誕生之日起，就不僅作為漢民族文化思想的產物，作為一種宗教意識形態，作為一種社會思潮，而且，還作為一種強大的民眾勢力、社會力量出現在中國歷史政治舞台上。

魏晉南北朝時期的道教

漢魏五斗米道、太平道雖奉老子《五千文》為教典，但並沒有遵從《老子》之說建立宗教，以及形成宗教理論體系。魏晉老莊之學復興，掀起清談、玄學之風。政局動盪，環境惡劣，「天下多故，名士少有全者」，人們迫切需要一個安身立命之道，對精神境界的追求也更為強烈，思想的重點已逐漸從對現實問題的關注轉移到玄遠之學上來。為了扭轉名法之治的偏差，重建正常的封建秩序，需要從道家那裡去尋求「窮理盡性，陶冶變化之實論」。王弼《老子指略》指出當時的儒家、墨家、法家、名家、雜家各有所得，也各有所失，只有道家才能做到「崇本以息末，守母以存子」，既超過各家的學說，又不偏漏各家的長處。王弼在《老子注》中繼承發展了老子以道為最崇高的概念與最基本的原動力的中堅思想，進一步在學術界樹立了老子學說的權威性。然而，這對道教的實質性影響並不大，諸派道士仍以符籙煉養方術等低層次的宗教活動為主，很少有援附玄學，註釋《老》、《莊》的道教理論建樹，兩晉時期，五斗米道在北方社會民眾中繼續傳擴，而在江南，孫吳政權以及後來的東晉統治者，對民間的宗教、神仙方士活動，也不像曹魏西晉時期那樣嚴加控制。從漢末至兩晉，先後傳入江南的有屬於五斗米道系的杜子恭道、李家道、清水道，屬於太平道支派的于君道、帛家道，以及龍虎山張天師的正一道。江南道教的發展，逐漸超過了中原與巴蜀，成為後來道教復興、發展的基地。至南北朝，佛教興盛，在佛教哲學思想、宗教教義、戒律儀式的刺激下，道士們一方面承玄學余緒，攝佛教經文，託言神授，暗本老莊，編造了《洞神》、《靈寶》、《上清》等部類的大量道經；一方面神化老子，註疏《老》、《莊》，宗承道家，建立起較系統化的道教體系，湧現出許多著名的道教改革家和學者，如北朝寇謙之、南朝陸修靜、顧歡、孫游撒、孟景翼、宋文明、陶弘景等人。

北朝道教

魏晉以來，五斗米道被曹操下令北遷，道民流離失所。張魯在遷到鄴城的第二年即死去，五斗米道失去統一的領導。於是，北遷後的祭酒們各自設治傳教，建立靖室。這樣，五斗米道一方面得以在北方民眾中廣泛傳播開來，另一方面又陷入思想紊亂、紀律鬆弛、組織渙散的狀態。從此，五斗米道內部開始發生分化。一部分向上層發展，積極靠攏達官貴人，迎合統治階級的政權利益，參與政治活動，宣揚道教徒要以儒家的忠孝仁義信為準則，攻訐民間宗教，提出以神仙養生為內、以儒術應世為外的主張。力行勤於修煉，廣施齋儀，為上層化的官方道教奠定了理論基礎。同時，五斗米道的另一部分仍然以通俗的形式在民間廣為流傳，並不斷發動反抗統治階級的起義。西晉時，道士陳瑞首先在巴蜀地區組織起義，繼之而起的是李特、李雄所領導的農民起義，建立了成漢政權，經六世四十七年，至東晉永和三年才被鎮壓。東晉，杜子恭一系，在江南地區頗具影響。晉末，孫恩、盧循提出「誅殺異己」的口號，發動教民起義，誅殺了「世奉張氏五斗米道」的道徒王凝之。新、舊五斗米道的紛爭在教團內部激烈展開。

魏晉之際，佛教在北方得到廣泛的傳播，佛教寺院廣為建立。同時，社會上神仙方術興起，信徒避亂山林，結成了一些鬆散的神仙道教集團，深深地影響了道教的傳播。北魏太平真君年間，嵩山道士寇謙之針對舊教的衰落，利用崇信道教的魏太武帝和宰相崔浩的支持，託言老君旨意，對北方舊的五斗米道進行改造，清整組織，創立了適應北方鮮卑拓跋氏統治者和漢族門閥地主階級的新天師道，使道教與封建皇權結合併正式成為官方宗教。

永平年間天尊像寇謙之字輔真，上谷昌平（今屬北京）人。曹魏初年，寇氏家族遷至關中馮翊。成為當地的名門大姓。寇謙之少年時研習五斗米道，後從成公興修道出家於嵩山，隱居石室，採藥服食。七年之後，成公興屍解飛昇，寇謙之繼續「守志嵩岳，精專不懈」。

北魏明元帝神瑞二年，寇謙之托稱太上老君降臨，授以「天師」職稱，並賜己《雲中音誦新科之誡》（亦稱《老君音誦誡經》）二十卷，號曰：並進言。依此經誡，「宣吾新科，清整道教，除去三張偽法，租米錢稅及男女合氣之術。……專以禮度為首，而加之以服食閉練。」寇謙之猛烈抨擊了五斗米道的舊道法。首先，他廢除了三張原在巴蜀設置的二十四治稱號，並設立道官，規定道官招收信徒，先須考驗三年。信徒一從師授，不得任意改投其他道官。

其次，廢除了祭酒私署治職契纂，理由是，「道官祭酒愚闇相傳，自署治纂符契，攻錯經法，濁亂清真。」一些信徒，一旦授以職治符纂後「不能精進，違科犯約，用行顛倒。奸怨非法，遊行民間。讀偽科律，詐惑萬端。」因此，寇謙之宣布將舊道法「盡皆斷禁，一從吾樂音誦誡新法」。

第三，廢除了祭酒道官的世襲制，以「立身直理，行合軌範」，「唯賢是授」。《老君音誦誡經》云：「諸道官祭酒可簡賢授明，未復按前父死子系，使道教不顯。」

第四，廢除了五斗米道的租米錢稅制度及治病濫收脆信。以往五斗米道收取會費義米，任意取人金銀財帛，致使「治民恐動威逼，教人瞻願匹帛、牛犢、奴婢、衣裳。或有歲輸全絹一匹、功薄輸絲一兩，眾病雜稅不可稱數」。改革後的新天師道「無有分傳說願輸送，仿署治籙無有財缺帛；歲常保口廚具、產生男女、百災疾病、光怪眾說廚願，盡皆斷之。……唯聽民眾歲輸紙三十張、筆一管、墨一挺，以供治表捄度之功。」

第五，寇謙之反對濫傳房中修煉術，因其「妄傳陵身受其赤房中之術，授人夫妻，淫風大行，損辱道教。」認為修行房中，「身中至要，導引之訣，盡在師口」。同時，也反對濫傳仙方藥餌，「經書舛錯，後人詐偽仙經圖書，人人造法，天下經方百千萬億，草藥萬種，方藥百數」，「案藥服之，正可得除病壽終，攘卻毒氣，瘟疫所不能中傷，畢一世之年。」他特別強調奉道守誡，禮拜齋直。認為修道者必須「一心香火自纓，精煉功成，感悟真神與仙人交遊」，並且「是以誠約，要須齋功，與返為始，雪罪除愆，乃得感悟真仙。」凡人道的信徒「男女官努力修齋，尋諸誦誡，香火建功，仙道不遠」。

由此可見，寇謙之的改革運動是重整道教組織，重建教內新規，改變傳承制度，創立新的一套宗教教禮儀軌。現僅存一卷的《老君音誦誡經》中就有三會儀、懺過解罪儀、禳災除病儀、授戒儀等，並對具體的程式，如人靖、焚香、上章、奏啟、禮拜等一一細詳，完善了道教北派的科戒教儀，在道教史上具有重要的意義。

北魏明元帝泰常八年，寇謙之再次託言老君玄孫李譜文下降，授以《錄圖真經》。《魏書．釋老志》曰：「今賜汝遷入內宮，太真太寶九州真師、治鬼師、治民師、繼天師四錄。修勤不懈，依勞復遷。賜汝天中三真太文纂，劾召百神，以授弟子。文錄有五等，一曰：陰陽太官；二曰：正府真官；三曰：正房真官；四曰：宿宮散官；五曰：並進錄主。壇位、禮拜、衣冠、儀式，各有差品。凡六十餘卷，號曰：《錄圖真經》。付汝奉持，輔佐北方泰平真君。」

北周天和三年老君像《錄圖真經》不同於《老君音誦誡經》具有單純地改革教內偽法的目的，它是一部更迎合統治者需要，為拓跋魏入主中原，並實現寇佐國扶命、「為帝王師」宿願而以道教纂圖為主的圖讖神書。圖讖文錄分為五等，各有不同的授受壇位，禮拜儀式以及道冠法衣。圖文「古文鳥跡，篆隸雜體，辭義約辯，婉而成章」，授受次第，「擇賢推德，信者為先，勤者次之」。信奉儀式，「但令男女立壇宇，朝夕禮拜」。同時，宣造天宮靜輪之法，使真仙降立。《錄圖真經》中明確地勾畫了道教天界諸神系列譜系：「二儀之間有三十六天，中有三十六宮，宮有一主，最高者無極至尊，次曰大至真尊，次天覆地載陰陽真尊、次洪正真尊」，並把赤松子、王喬、張安世、劉根、張陵等譜人天神系統，甚至連寇謙之本人也位列仙班，遷入內宮，成為天人合一的「活神仙」，這實際上正是世俗的門閥士族等級制度在虛無的宗教天國中的反映。

由於北魏太武帝對道教的崇信，使寇謙之道教改革運動得以順利進行。太平真君年間新天師道在北魏發展到了極盛，代表著道教從早期民間宗教上升到官方正統宗教的地位，為隋唐時期成為國教，奠定了基礎。

南朝道教

東晉南朝道教的改革者首推道士陸修靜。陸氏字元德，號簡寂，吳興東遷（今浙江湖州）人。從小好習文籍，博覽強識。少年時修煉辟穀道術，雖外混世務，實內守貞樸。中年遺棄妻室，游弋江川，遍訪高士，廣搜道經佚文，成為江南道教的一代宗師。

陸修靜推行的南朝道教改革，重點在對道教經典的整理、道教教義的發展、道門教規的肅飭，以及道教組織形式的改革等方面。

東晉劉宋以來，佛教在中國的傳播日益廣泛。大批佛教經典律學被翻譯介紹，佛教僧團與寺院普遍建立，江南一帶出家學佛、研究佛典的文人雅士日漸增多，就連陸修靜本人也深受佛教的影響，認為「在佛為留秦，在道為玉皇，斯亦殊途一致耳。」佛教的發展，對道教產生了猛烈的衝擊。佛教的經典文書可以由西域去印度求取，並透過翻譯、改寫而廣為傳擴，但道教的典籍只有來源於假托太上老君、諸天神真降臨誥的形式來製作，這就大大限制了道教教理的發展。於是，依靠扶乩撰文，改寫佛經章節，抄襲前代醫、卜、占、讖等類方書，變成了東晉道士編寫道經的主要材料來源。由此派生的大量道經，經卷孳乳，真偽混淆，雜亂無章，是非相亂，東晉後期，《上清》、《靈寶》、《三皇》等大批新經典問世，豐富了道教教義，但各派道士在傳經過程中，以訛傳訛，互相封鎖，又使許多道經源流不明，互無統屬，流失分散。道教學者陸修靜早年便留意收集經典文獻，《玄品錄》卷三記錄他曾「南詣衡湘、九嶷，訪南真之遺蹟；西至峨嵋、西城，尋清虛之高躅」，為整理道教典籍，辨別真偽，考鏡源流，編纂經目，分別品次，奠定了深厚的基礎。元嘉十四年，他刊正《靈寶經》，撰編了《靈寶經目》。

太始三年，陸修靜又得到上清派楊、許真人手寫《上清經訣》真跡，和鮑靚所造《大有三皇經》文，對上清經、三皇文加以整理。太始七年奉敕撰獻《三洞經書目錄》，共著錄道家經書符圖、方技方法一千二百二十八卷。同時，首創在道教史上有深遠意義的道教典籍三洞四輔十二類的分類法。

三洞，指玉清境洞真教主天寶君所出的洞真部真經，又稱洞真上清經；上清境洞玄教主靈寶君所出的洞玄部真經，又稱洞玄靈寶經；太清境洞神教主神寶君所出的洞神部真經，又稱洞神三皇經。

四輔，指太玄、太平、太清、正一四部。

十二類，指三洞中又分本文、神符、玉訣、靈圖、譜錄、戒律、威儀、方法、眾術、記傳、讚頌、表奏。

陸修靜不僅對錯亂糅雜、使「視聽者疑惑，修味者悶煩」的道教經書加以整理考證，而且還為傳授《靈寶經》編纂了一整套授立儀軌——《太上洞玄靈寶授度儀》，使靈寶經典成為教戒訣要與行世新經相齊備的經部，成為道教中重要部類。

唐釋道宣《廣弘明集》卷四曰：「金陵道士陸修靜者，道門之望，在宋齊兩代，祖述三張，弘衍二葛、郗張之士，封門受籙。遂妄加穿鑿，廣制齋儀，糜費極繁，意在王者遵奉。」

陸修靜作為南朝道教的一代宗師，融合江南諸路道教，耙梳紛亂的典章文獻，增設道教科戒威儀，目的不僅是使民間道教披上學術的外衣，與當時盛傳的佛教抗衡，而且「意在王者遵奉」，希冀得到統治者的青睞，成為官方上層階級的宗教。如果說，北朝寇謙之借用北魏太武帝、宰臣崔浩以政治的手段改革道教，躋身於朝廷；那麼，南朝陸修靜則從道教典章制度、文書規範、教義教理上使道教更加完善成熟，形成強大的宗教勢力，影響政權統治者。

道教教義一貫以「我身真實」，而追求不死成仙，但在劉宋時期出現了「三世真空」、「我身空」的理論。《太上洞玄靈寶智慧定志通微經》說：「三界之中，三世皆空。知三世空，雖有我身，皆應歸空。明歸空理，便能忘身。能忘身者豈復愛身？」這樣的思想卻與北周釋道安《二教論》的「佛法以有生為空幻，故忘身以濟物」相吻合。生死觀念變了，修仙的途徑增加了在世修善功、積功累德、捨身濟物、輪轉因果的內容。此時期出現的大量靈寶類經文中再也不沿習早期道教「承負」說，而明顯地接收了佛教三世輪迴、因果報應教義。以度人無量為宗旨的《靈寶無量度人上品妙經》廣為流傳開來，逐漸代替了上清經中宣揚修煉成仙的《靈寶赤書》、《靈寶五符經》，成為南朝以後道教中的重要典籍，並影響到北宋末興起的水火煉度齋法。

陸修靜在整理充實道教教義時，注重對戒規儀式的改進。齋醮是道徒求道之本，陸修靜在《洞玄靈寶齋說光燭戒罰燈祝願儀》中說：「夫齋直是求道之本，莫不由斯成矣。此功德巍巍，無能比者。上可升仙得道，中可安國寧家，延年益壽，保於福祿，得無為之道。下除宿愆，赦現世過，救厄拔難，消滅災病，解脫死人憂苦，度一切物，莫不有宜矣。」

早期道教中雖有過一些道誡，如《大道家令戒》，但與晉宋時傳世的佛教戒律

《四分律》、《僧祇律》、《十誦律》相比，是很不完善的。此時，出現了如《洞真觀身三百大戒》、《千二百威儀之戒》、《老君說一百八十戒》等，成為道士們共同遵守的定律。陸修靜又增撰編輯了《齋戒儀範》、《太上靈寶授度儀》、《洞玄靈寶齋說光燭戒罰燈祝願儀》、《太上洞玄靈寶眾簡文》等，並在五斗米道原有的塗炭齋、指教齋的基礎上，融進上清、洞神各派齋法，制定了「九等齋十二法」的齋醮體系，把齋法分為洞真上清齋、洞玄靈寶齋、正一塗炭齋三品，其中又包括無為齋、心齋、金籙齋、黃籙齋、明真齋、三元齋、八節齋、自然齋、三皇齋、太一齋、指教齋等類。使道教齋醮儀式形成完整的體系，為唐宋兩代的典式。

魏晉南北朝以來道教組織形式變化的一個重要方面，即一改太平道、五斗米道「立治置職」、「領戶化民」的草堂靖治的宗教活動場所，代之而起的是林立般的道館精廬。南北朝以來，道團的經濟來源不再依靠向道民徵收租米，而是帝王后妃、達官富豪的施捨，以及齋醮法事的收入。出家道士可以免除租役，致使人道信徒驟增，集團性的道教組織逐漸形成，促使道士們模仿釋氏寺院僧團，建立獨立的道院經濟體系。因此，道館的建立與興盛，是道教改革、道教官方化的結果，同時也是南北朝時代特殊的社會歷史、經濟、文化思想的產物。

魏晉南北朝道教在門閥士族統治階級的支持下，經過寇謙之、陸修靜、顧歡、孟景翼、陶弘景等著名道士的改革，編撰整理了大批經典、發展了教理教義，制定了完善的教戒律條，充實了齋醮儀軌，使道教以完備成熟的宗教集團從民間走向官方正統宗教，與儒家、佛教鼎立，成為中國文化思想的重要組成部分。

唐代道教

隋朝末年，社會上廣泛流傳著「天道改，老君子孫治世」、「楊氏將滅，李氏將興」的政治讖語。這些讖語，一方面動搖了隋朝統治，統治者因之下令「盡誅海內凡李姓者」，加速了社會的動亂。另一方面，有志之士也利用這一讖語大造政治輿論，蠢蠢欲動。隋大業十三年（六一七），李淵起兵晉陽，道士們積極響應起義軍。樓觀道士岐暉大肆宣傳「李氏興，天道改」，稱李淵為「真主」、「真君」，開倉獻糧，支持起義軍。著名道士王遠知在李淵起兵前，自稱奉老君旨意，密傳符命。道士的附稱，實際上是利用老君李姓，附會李淵集團製造皇權神授，以此來號召社會民眾，推翻隋朝腐敗的統治。

唐代結束了從東晉南北朝以來胡戎交替侵犯、南北分裂的紛亂局面，創造了欣欣向榮、剛健樂觀的社會局面。伴隨著門戶開放和對外文化交流，波斯的祆教、摩尼教，阿拉伯的伊斯蘭教、景教等紛紛從絲綢之路和海上航道傳入中土，在長安及大城市商埠出現了禮拜寺等宗教活動場所，進行傳教活動。多民族的交往，多種文化思想的交融，多種音樂藝術的交雜，表現了多元文化的形態。與此同時，社會政治中也有一種以宗教作為統攝意識的中心目的，將道教與儒學、佛教綜合起來的三教平等互存的形態。因此，在中國歷史上，這個時期，可以稱為宗教鼎盛時期。

李氏唐朝建立後，尊崇老子為「聖祖」，遮掩唐宗室原為北魏拓跋氏之後的事實，力圖抬高唐王朝的社會地位，有目的地利用老子編造政治神話。武德初年，唐高祖稱老君顯靈下降羊角山，詔令於其地建立太上老君廟，舉行盛大的崇祀活動；同時，因樓觀道士佐唐有功，賜賞豐厚，並對道教採取了一系列扶植、推崇的政策。隨著社會地位的提高，道教在全國各地也迅速地發展起來。

唐朝初期崇奉道教的另一個政治原因是利用道教來抑制佛教的發展。南北朝以來，魏武帝崇道排佛、梁武帝崇道尊佛、周武帝抑道毀佛，都成為社會政治中的大事件，都是政權鬥爭的產物。唐高祖和唐太宗雖然尊崇道教，但並不迷信道教，只是巧妙地利用道教為其政治統治服務。《舊唐書．太宗紀》曰：「南朝梁氏父子，志尚浮華，唯好釋氏，老子之教，致使國破家亡，足為鑒戒。」武德八年唐高祖提出以中華本土之道教為先，儒教居中，佛教為末的三教序位，認為：道教能經邦致理，返樸還淳；教主老子，是唐宗室的先祖，李氏王朝的建立，實賴老君的功德。貞觀二十一年，唐太宗祭祀老子，下詔重申：「老君垂範，義在清虛；釋迦貽則，理存因果。求其教也，汲引之跡殊途；窮其宗也，弘益之風齊致。然則大道之行，肇於邃古，原出無名之始，事高有形之外，邁兩儀而運行，包萬物而亭育，故能經邦致理，返樸還淳。」同時，朝廷還封老子為「太上玄元皇帝」，下命朝內百官研習《老子》五千文，科舉策試增加《老子》條目，設立宗正寺，掌管道士佛徒。由於政策的優惠，出家為道的人數激增，道館林立，道教在全國很快地發展起來。

然而，佛教徒們也不甘示弱，圍繞著道、佛二教教義優劣之爭，華夷先後之爭，老子西去化胡之辯的佛道爭論由此展開。僧法琳等作《辯正論》駁斥道教，道士李仲卿作《十異九迷論》、劉進喜作《顯正論》等反駁佛教。由於唐王室的支持，道教在辯論中取得了勝利。

盛唐時期的唐玄宗，在他近半個世紀的統治中，自始至終地崇奉道教。隨著道派的湧現，經典的編纂，宮觀的興建，儀軌的修訂，道教逐漸成為國教，走向了全面發展的高峰。

唐玄宗在武則天、韋后專政下度過青少年時代，對兩後利用佛教和僧人稱帝專權深惡痛絕。即位後，一改中宗、睿宗舊制，推行崇道抑佛政策。他在天寶改元詔書中聲稱：「朕粵自君臨，載弘道教，崇清靜之化，暢玄元之風，庶乎澤及蒼生。」設置老子在佛儒之首，稱為「萬教之祖」，確定了道教的領導地位。

唐玄宗在治國經略上，主張「發揮道教，弘長儒風」，即以道家思想為精神主導，以崇奉道教淳德天下，以儒家綱倫整治社會。

唐玄宗一再強調以道治天下，認為：「人君以道德清靜為教」，「以無為不言為教」，又言：「無為則清靜，故人白化，無為則不擾，故人自富。好靜則得其性，故人自正，無欲則全和，故人自樸。此無事取天下矣。」、「侯王若能守道無為，則萬物白化。」所以，唐玄宗認為帝王好清靜之化，施無為之治，「同歸清靜，共守玄默」，那麼，為臣者可以保身，兼濟於人，百姓自然返樸歸真，安分守己，樂於家業，知善而不犯刑。上下合道，天下同心，社會昌盛。這就是唐玄宗以清靜無為之道治理國家的基本思想。

唐天始天尊造像在學術思想領域中，唐玄宗竭力推崇《老子》，尊封為《道德真經》，視為李氏王朝的「家書」，詔諭天下「士庶家藏一本，勸令習讀，使知指要」，希望「同心同德，化流四裔。……家藏《道德經》，冀德立而風靡，道存而日用，則朕之陳祖業，尚家書，出門同人，無愧於天下矣。」玄宗還親手註釋《道德真經》，頒於全國，命令設立崇玄館，招收生徒，研習《老子》以及《莊子》、《文子》、《列子》，命貢舉加試諸策，以明經例保舉後，可獲得崇玄博士稱號。

天寶二年，唐玄宗加封老子為「大聖祖玄元皇帝」。八年又封為「聖祖大道玄元皇帝」。十三年又進封為「大聖祖高上金闕玄元天皇大帝」。並在全國範圍內增建老子廟，兩京改稱太清宮、太微宮，亳州老子廟亦稱太清宮，天下諸州的改稱紫極宮。諸宮皆擬宮闕之制，祭獻太清宮的禮儀與祭獻太廟同。玄宗又命名地鑄老子像，或繪祀老子像。老子不僅是唐王朝的「聖祖」，而且也成了護國、護教神。

盛唐時期，湧現了許多道派，有正一派、高玄派、昇玄派、金明派、三皇派、靈寶派、上清派等。各派間俱有嚴格的經戒、法籙傳授次序，有不同的齋醮儀式。出現了眾多有名望、有道術的道士，如王遠知、潘師正、司馬承禎、李含光、杜光庭、張萬福、史崇玄、葉藏質等。

司馬承禎，字子微，法號道隱，又自號白雲子、天台白雲子、中岩道士、赤城居士。河內溫人。出家於嵩山。得潘師正親口傳授《金根上經》、三洞祕篆，以及符、籙、辟穀、導引、服餌等道術。研習道教經典，成為陶弘景正一法統的三傳弟子。

景雲二年，司馬承禎奉旨人宮，睿宗問其陰陽數術和修身治國的大事，司馬承禎以老莊哲學、道教思想的「順物自然」、「淡漠無為」為宗旨，向睿宗說教，深受睿宗的讚許。

玄宗時，司馬承禎被多次召見，並向皇帝親授法篆和上清經法。司馬承禎認為五嶽山川祭祀的神祠，都是山林之神，上書請別立齋祠，玄宗聽從其言，令在五嶽名山重建真君祠，祠內諸神唐睿宗、玄宗賜司馬承禎書並禁山敕碑形象、冠冕、章服、佐從神仙、殿宇設計，以及祠內的各項制度，皆由司馬承禎按道教經典推意創造。由皇帝親自許令道士在五嶽重鎮按道教傳統建立齋祠，主持祭典，這在道教發展史上是少有的，這不只是由於唐玄宗本人信奉道教的緣故，而應該看到這是唐朝統治者借此籠絡道徒，麻痺人民，利用神權為王權服務的需要。從道教方面來看，創立道教齋祠，主管五嶽祭祀，是由司馬承禎首開先例，從此，道教得以參加國家重要祭典活動，並與儒教祭祀山川的禮式抗衡，擴大了社會影響力。隨著道教宮觀的建立和發展，道教科範儀式的完善，道教更加成為統治階級的御用工具。

司馬承禎宗教理論思想主述於老莊哲學，兼受儒教的影響。同時，在唐初佛教流行的情況下，也兼受佛教哲學的理論影響。在多重影響下，司馬承禎宣揚清靜無為、主靜去欲、修心得道的道教修煉思想方法，秉承道家哲學的宗旨，提出「坐忘」的論點。坐謂本心不起，本心不被外念惹動。內不接物，外不逐物，攝澄一切煩惱、物欲，忘乎一切內外事物，達到這樣極其虛靜的程度，便能合「道」大通，在道教修煉上，則謂之「得道」了。

大唐貞一先生廟碣宋葉夢得《玉澗雜書》曰：「道釋二氏，本相矛盾。子微之學，乃全本於釋氏。大抵以戒、定、慧為宗。」張右史曰：「是道也，智者得之為止觀，司馬子微得之而為坐忘，皆一道也。」這樣一種摒棄一切感覺和思維活動，強抑制性的自我反省、自我控制的主觀唯心主義的修煉過程，乃是由「漸悟」以至「頓悟」的修煉。這種方法宗源於道家哲學思想，同時又兼取佛教宗旨，與佛教的止觀、禪定方法相類似。

司馬承禎「收心」、「坐忘」的修煉思想，對後世哲學思想的發展，有一定的影響。宋代理學家程顥所宣傳的「定性」，即使人保持心理狀態的平靜，既不是全不應物，也不是應物而不返，周敦頤《太極圖說》中「無欲故靜」的去欲主靜說等，與唐代道家、道教哲學思想均有師承關係。

唐帝國在宣宗大中年間曾一度「中興」，之後，國勢便江河日下。唐武宗、唐僖宗好長生術，耽溺於金丹方術之中，迷信神鬼，崇道滅佛。黃巢起義後，帝室避難入蜀，仍重開道場，扶持道教，造成前後蜀的信道風氣。道教在四川的復興，直接影響了江西、南唐地區的道教活動，促使了北宋真宗、徽宗的崇道。

宋代道教

宋代是道教發展的重大轉折時期。如果說北宋的道教基本上沿襲了隋唐以來的舊傳統，南宋以來，以道法為主體的舊道教日趨衰落，而以煉養、內丹為主的新道派相繼產生，對金元明以後的道教發展有著深刻的影響。

由於五代時期社會戰亂，一些不願仕宦的儒生和失意的官僚們往往以黃老思想作為安身立命的思想精神支柱，因而北宋初年，黃老道家思想在社會上的傳播還相當廣泛，不僅出現了蘇澄隱、陳摶、魏野、柴通玄、種放、賀蘭棲真等一批著名的隱士和道士，而且宋太宗及其宰臣呂端、呂蒙正、李琪、李防等也是黃老道家思想的信奉者。為了安定社會，鞏固政權，皇室在社會上極力推崇黃老之道，把黃老思想既作為政治思想，又作為宗教思想。

宋真宗朝大力推崇道教是從大中祥符元年開始。此時北邊遼兵壓境，真宗在主戰派寇準等人的堅持下，統兵於澶州，被遼兵圍困，訂立城下之盟。從此，主和派導引朝綱，真宗也轉而希求神靈保護王室，編造《大中祥符》三篇「天書」、降臨人間，尊黃帝為趙氏始祖，封老子為「混元上德皇帝」，尊玉皇為「太上開天執符御歷含真體道玉皇大帝」大肆祭祀，封禪泰山，在全國範圍內掀起了一場少見的崇道活動。

宋徽宗尊崇道教始於政和年間。首先，大肆宣揚天神下八仙之一何仙姑畫像降，授以符書，親作《元真降臨示見記》頒示全國。其次，崇尚道士劉混康、林靈素、張虛白、王文卿、王老志。冊封徽宗為「教主道君皇帝」，使宋徽宗成為人君國主、天界尊神、教團教主三位一體的皇帝，同時加封山神、龍神、城隍、岳瀆等民間祭祀之神，並在全國各地增建、擴建道教宮觀。

趙宋王朝還設置道官、道職，建立道階品位，整肅道教綱紀。政和四年，徽宗下詔「諸路監司，每路通選宮觀道士十人，遣發上京，赴左右街道錄院講習科道聲贊規儀，候習熟遣還本處。」又下令各地州縣，仿照儒學的形式，設立道學。重和元年，徽宗下詔「自今學道之士，許人州縣學教養，所習經以《黃帝內經》、《道德經》為大經，《莊子》、《列子》為小經外，兼通儒書，俾合為一道。大經《周易》、小經《孟子》。」初入道者稱道徒，每年進行考試，根據成績，分別授以元士、高士、大士、上士、良士、方士、居士、隱士、逸士、老士等名號。（這些名稱相當於宮品的五品到九品）又依儒學的貢士法，學道之士亦可透過考試為貢士，到京師人辟雍或太學學習，並可每三年參加大比，殿試合格者則稱為高級道士，授以道官道職。據《宋史．徽宗紀》載：「重和元年置道官二十六等，道職八等」，道宮中最高的稱「金門羽客」，可以佩帶金牌，出入宮禁。

《太上老君常清靜經》石刻由於宋徽宗的崇道，道士獲得殊榮，逐漸干預朝政，利用皇權，打擊佛教、巫教、明教等民間其他教派，引起其他教徒的不滿。由信奉明教的方臘率領的民眾起義，就是歷史的印證。

因循保守、苟且偷安的政治路線與尊儒學、崇道教的思想路線，導致宋朝的政治陷入了越來越深的危機。統治者對人民的殘酷壓榨，激起了連綿不斷的農民起義，極大地震撼了宋王朝。雖然，自真宗統治以來，有識之士屢屢上書，改革朝政，如王禹偁建言「五事」，宋祁主張免除「三冗三費」，范仲淹建策「新政」，王安石實施「變法」等，但這些都未能挽救宋王朝的衰落。宋徽宗一生信奉道教，直到作了金人階下囚時，猶穿紫色道袍，頭戴逍遙巾。這樣的下場，也是對道教的最大諷刺，最好的鞭斥。

道教內丹派與道學

隋、唐以來，道士煅煉金石物質，服食丸丹，藉以成就金剛不朽之軀的金丹道風靡於世，帝王、官僚、富貴階級爭相倡導。然而在眾多的服食者面前，其弊病也逐漸敗露。趙翼《廿二史禮記》卷十九《唐諸帝多餌丹藥條》記載有唐太宗、憲宗、穆宗、敬宗、武宗、宣宗服丹藥中毒致死。五代蜀何光遠《鑒誡錄》謂梁太祖服方山道士龐九經所進金丹，眉發立墜，痈疽發背而亡；南唐《釣磯立談》記載有南唐烈祖服金石藥，患痈致死的史實。此外，道士燒煉黃白之術，實際都是煉藥金銀，以混淆真金銀，謀利錢財，在社會流行，便成一害。因此，外丹術逐漸被世人視為欺人之術而遭到鄙棄。

道教歷來認為宇宙是大天地，人體是與自然相應的小天地。天地自然的形象、變化與人體生理機制的形態、性情的變化是相似、相應、相通的。當模擬自然的外丹金石術在實踐中失敗後，道士們則從道教故有的胎息、服氣、存想等內煉法轉變而為模擬自然的內丹道。

隋文帝開皇年間，羅浮山道士青霞子蘇元朗託言學道茅山，得大茅君祕旨，著《旨道篇》，創「內丹」之說。唐劉知古撰《日月玄樞論》，以內丹思想解釋魏伯陽《周易參同契》。五代彭曉撰《還丹內象金鑰匙》，闡發內丹思想，內丹學說開始興盛。其後著名者是鍾離權、呂洞賓，後代奉為內丹始祖。

長安年間鍾呂像鍾離權，又稱漢鍾離，傳說為仙人。唐末呂洞賓遊華山，遇鍾離權，受「大道天遁劍法，龍虎金丹祕文」，傳授金丹大藥之道（見宋吳曾收石刻《呂洞賓自傳》）。呂洞賓，唐代山西禮部尚書呂渭之孫（見《岳陽風土記》），咸通初年舉進士不第，後避兵亂，攜家隱居終南山，學老子之法（見《雅言系述．呂洞賓傳》）。呂洞賓用易學象數理論參以《靈寶畢法》來研究煉養之道，提倡身體、精神同時修煉（即性命雙修）的內丹術。兩宋以來，道教內丹派便以鍾、呂一系為主流。

南宋李簡易《玉溪子丹經指要》卷首載《混元仙派圖》，列出鍾呂一系傳承譜有八十餘人，其中第四代傳人是兩宋內丹道最重要人物張伯端、陳摶。

張伯端原名用成，字平叔，號紫陽。天台人。宗承鍾呂派內丹說，主張一己清修。以魏伯陽參合《周易》、《老子》著《參同契》，慧忠禪師序老莊之言為例，提倡「教雖分三，道乃歸一」的觀點，著《悟真篇》、《金丹四百字》、《玉清金笥青華祕文金寶內煉丹訣》等。宗承傳統內丹學，以《道德經》、《陰符經》為依據，把內煉成仙的原理建築於人身一小天地，陰陽合和與道大同；返根覆命，與世長存的天人合一論和歸根返本論之上。其學術思想，始則以儒人道，倡以道教內丹為中心的三教歸一論，繼而又出道人禪，以禪宗性學為宗旨；最終形成了道禪融合、先命後性，以求得無生空寂、神通妙用境界為歸宿的獨具特色的內丹南宗派。

陳摶字圖南，自號扶搖子，賜號希夷先生。亳州真源人。少年時，喜歡研讀《易》經，精通詩、書、方藥、數術諸學。在仕途受挫後，開始訪道求仙。曾跟從邛州天師觀高道何昌一學「鎖鼻息飛精」方法（即蟄龍納氣法），後隱居華山，專煉內丹術（見《宋史．陳摶傳》、《宋史．朱震傳》、《宋史．李之才傳》等）。

太極圖陳摶作為宋初道教煉養士，將《易》、《道德經》、《莊子》、《參同契》等道家、道教學說與道教煉養術結合，借易理、道家思想以建立其模擬自然的修煉理論；並繪製成圖，開創圖學，以闡述道教修煉術。正如明末清初黃宗炎《太極圖辨》所說：「圖學從來，出於圖南，則道家者流，雜以大易，遂使天下靡然稱為易老……」。

明黃宗炎《太極圖辨》中記述了陳摶《無極圖》的模式，以圖解的方式把內丹修煉的過程分為得竅、煉己、和合、得藥、脫胎五個階段。在闡述性命雙修法中，又分為守玄牝、煉精化氣、煉氣化神、五氣朝元、取坎填離、煉神還虛等若干步驟。

《無極圖》的核心內容是闡述性命雙修的體驗過程。「性」，指心性、精神，修性即修心，即思想精神的煅煉，「命」指具有生命的活力，是人體的元精、元神、元氣。修命即固精養氣，「存精、養神、煉氣，此乃三德之神。」《無極圖》丹法不作符籙、鬼神之談，只講培養三寶（精、氣、神）以精為生命基礎，以意念專注克制身心引導真氣運行，強調精、氣、神合凝的變化作用。陳摶曰：「道化少，少化老，老化病，病化死，死化神。神化萬物，氣化生靈，精化成形。精、氣、神三化，煉成真仙。」煉氣化神的「化」，與煉神還虛的「還」，突出地表現了陳摶內丹思想中一切事物都在變化，以及物質由量變達到質變的自然觀。

自東漢以來，魏伯陽《參同契》僅限於道教內部祕密傳授，後蜀彭曉分章詳解《參同契》後，才得以在社會上公開流傳。《參同契》曰：「乾坤者，易之門戶，眾卦之父母，坎離匡廓，運轂正軸。」依此，彭曉註解中繪製了《水火匡廓圖》的右半為坎水，左半為離火，這正是《無極圖》中的「取坎填離」。《參同契》曰：「三五與一，天地至精。」依此，彭曉繪製了《三五至精圖》，這又被吸收過來，成了《無極圖》中的「五氣朝元」。

朱熹說：「《先天圖》傳自希夷，希夷又自有所傳，蓋方士技術用以修煉，《參同契》所言是也。」可知陳摶《無極圖》模式及內丹理論與魏伯陽《參同契》、彭曉《周易參同契分章通真義》有相承淵源。

《無極圖》丹法思想與理論基礎淵源於道家哲學與老莊思想。「無極」是道家所主張的宇宙本原，《老子．知其雄》章：「知其白，守其黑，為天下式，常德不忒，復歸於無極。」《莊子．在宥》篇：「人無窮之門，以游無極之野」；《列子．湯問》篇：「物之終始，初無極已。」又曰：「無則無極，有則有盡。無極之外，復無無極。無盡之中，復無無盡。無極復無無極。無盡復無無盡，是以知其無極無盡也，而不知其有極有盡也。」、「無極」在道家、老莊思想中主要用來表示道的無形無體、無窮無盡的特點，而在《無極圖》中被用來表示世界最終本原，內丹修煉的超脫境界，成為陳摶思想體系的最高哲學範疇。

水火匡廓圖《老子．道生一》章：「道生一，一生二，二生三，三生萬物」，又《致虛極》章：「夫物藝藝，各歸其根。」提出了宇宙中萬物生成論。陳摶《無極圖》中煉精化氣，即把人身精、氣、神三寶合三為二；煉氣化神，即合二而一；煉神還虛，一歸於無；返歸自然宇宙，構成了兩宋內丹逆煉返本，歸根覆命的哲學基礎。

《老子．致虛極》章：「致虛極，守靜篤，萬物並作。」又曰：「歸根曰靜，靜曰命。」認為靜是動的主宰，是命的根源，不欲以靜，清靜無為是道家、道教的真髓。陳摶丹法中也強調無欲主靜的觀念。《玉詮》引陳摶說：「動而生陽，靜而生陰。生陰之靜，非真靜也，是動中舒緩處耳，亦動也。是以生生不息，變化萬殊。萬殊既成，吉凶出焉。聖人作《易》，所以指吉凶，推變化。要之必以守貞為主。

故《易》者，戒動之書也。」清靜無為，順其自然，無增無損，修心養性，成為陳摶內丹修煉的核心。

陳摶說：「修玄無別法，只須冥心太元，體認生身受命之處，而培養之，扶植之，保護之而已，故曰歸根，曰覆命，要不出冥心凝神四字。」、「冥心凝神」內觀諸己，正與唐代道士司馬承禎「坐忘」思想相一致，均淵源於莊子哲學思想。《莊子．人間世》：「若一志，無聽之以耳，而聽之以心；無聽之以心，而聽之以氣。……氣也者，虛而待物者也。唯道集虛。虛者，心齋也。」能做到心齋坐忘，冥心凝神，就可以忘乎一切，入於不死永生的境界，與道合一，與天地萬物一體，復歸於本原。這正是道家哲學、道教思想、陳摶內丹道所共同追求的境界。

在陳摶《無極圖》的基礎上，周敦頤創製了《太極圖》。周敦頤字茂叔，號濂溪，「博學力行，著《太極圖》，明天理之根源，究萬物之終始。」（《宋史．周敦頤傳》）周敦頤《太極圖》以及《太極圖說》是吸收道教理論從改造陳摶《無極圖》而來。黃宗炎《圖學辨惑》曰：「此圖原名《無極圖》，乃方士修煉之術……周子得此圖，而顛倒其序，更易其名，附以大易，以為儒者之祕傳。」《圖說》中採納了道家和道教思想中的「無極」概念和「無欲故靜」的命題來修訂和豐富了原有思想體系中的宇宙論和倫理學。

三五至精圖《圖說》一文二百餘字，其中三次談到「無極」：一是「無極而太極」；一是「太極本無極」；一是「無極之真」，認為「太極」來自「無極」，「太極」屬於「有」，「無極」才是「無」，是宇宙的本原。這樣周敦頤在吸收道教「無極」概念的基礎上，建立了宇宙起源說的新範疇，成為他所開創的道學宇宙生成論。

《圖說》中強調「聖人定之以中正仁義而主靜」，並自注「無欲故靜」，把「主靜」和「無欲」作為立人道之極。周敦頤認為人秉天地之靈氣而生，人性是陰陽五行妙合而成。人在社會倫理中的道德——中、正、仁、義，也是天地五行之性在社會倫理方面的自然體現。人遵循這些社會道德，便能去欲安靜，無妄無事，成為聖人君子。而道教認為「道」是陰陽五行的至精凝聚體，人所具有的道性，亦是陰陽五行的至精。天人一體，傚法自然，以己身為一小天地，遵循陰陽五行生剋的規律，即可得道，歸真返樸，成為真人。因此，「天人一體」，「道法自然」是道學、道家、道教都承認而且奉為思想圭旨的哲學思想。

道家道教主張「守靜去欲」，追求成「真」，成「仙」；道學儒家主張「無欲故靜」，求成「聖人」。《太極圖》闡述個人與自然、個人與社會以及社會倫理道德同自然的關係，因此，「無欲故靜」這個命題，本是道家和道教的內容，周敦頤是第一個把它們吸收過來，納入《太極圖說》中，作為兩宋道學的思想內容。

北宋初年，陳摶《無極圖》問世以後，在學術界產生了巨大影響。後傳至周敦頤，又被改造成為宋明道學（理學）的奠基——《太極圖》，為道學的形成和發展建立了一個比較合理而相當完備的宇宙起源說。邵雍繼承陳摶《先天圖》，並推演弘大「心法」，創立了一套完整的象數體系，概括宇宙間的一切命題。直至南宋，朱熹集周、程、邵氏之學為一體，成為兩宋道學集大成者。

總而論之，宋代道學與道教在宇宙論、自然論、倫理觀以及「天人一體」、「道法自然」等哲學思想上基本是一致的。因此，它們之間是相互影響、相互吸取、相互融合的關係。儒家、道家、道教交融既是一定歷史條件下促成的潮流，也是在基本哲學思想方面相通、相同，交流發展的結果。

新道教

北宋消亡、南宋偏安政權建立後，黃河流域的大片國土淪於金人之手。金政府為了統治北方民眾，先立宋太宰張邦昌為楚帝，不久被篡。又立劉豫為齊帝，建都大名府。劉豫為了鞏固自己的權力，不恥厚顏地以「子皇帝」的身分處處取悅金朝統治者，因此遭到北方遺民的唾罵。在這國亡家破，民族受辱，社會動盪，民風混亂的華北大地，士大夫不過「苟全性命於亂世」，老百姓也只求「一日三餐有谷糧」。遙對孱弱的南宋政權，北方遺民深感政治前途黯淡，信仰危機日益加深。這一非常時期，正是宗教產生的機緣。因此，在這片淪亡的土地上，先後創立起具有新的宗教哲學思想的道教教派——太一教、大道教和全真教。

太一教

太一教創立於金熙宗天眷年間。始祖蕭抱珍，「以元氣渾論，太極剖判，至理統一」的道家哲學、易學思想為教旨，概稱其教為「太一教」。據史料稽查，可以確定太一教在近兩百年中的七代傳承教譜。而在這七代教主中，教績顯著者有始祖蕭抱珍、二祖蕭道熙、四祖蕭輔道和五祖蕭居壽。

始祖蕭抱珍，衛州人。自稱得仙人所賜祕籙，擅長祈禱訶禁法術，在鄉間郡裡常以符籙、符水為百姓治病，用祈禱咒語驅除蝗災。他利用這些濟世利民的手段，贏得了河北地區民眾的尊崇。他以傳授「太一三元法籙」為名，在河南汲縣建立了第一個庵堂，信奉者日眾，正式傳擴太一教。金熙宗皇統八年被召至京，為皇室治病，受到禮遇，賜改庵堂為「太一萬壽觀」。太一之名，由此顯赫。金世宗大定二年詔準人粟購買度牒，因此，蕭抱珍又建立太清、迎祥兩觀，廣招徒眾。在皇家的支持下，太一教得到迅速的發展。蕭抱珍卒於大定六年，「賜號」太一一悟傳教真人」。

四祖蕭輔道，字公弼，號東瀛子。忽必烈為太子時，曾與蕭輔道來往密切。蕭輔道憑藉與元帝室的特殊關係，廣交上層官僚、士大夫及文人雅士，教派力量滲透於各階層。由於蕭輔道的努力，太一教在元朝初期得到了極大的鞏固和發展。蕭輔道卒於元憲宗二年，世祖即位後，賜號「中和仁靖真人」。

太一教以「元氣渾論，太極剖判，至理統一」為教門宗旨，以「篤人倫，翊世教」為教門法規，以老子「弱者道之用」為處世原則，是儒教、道家思想的結合體。信奉者需正式出家，遵守教門戒律，崇尚符籙，居住宮觀，接受法嗣者必須先受祕籙法物，改姓始祖「蕭」姓，這是所有道派中僅有的一宗。

太一教與當時興盛起來的真大道教、全真教一樣是以拯救民眾和社會為目標的重視實踐性的三教合一的道派，但不注重本宗教理論的研究與經典的編纂，雖然曾遍及山東、陝西乃至整個江北地區，到元成宗時代，卻漸失皇寵。儘管五祖蕭居壽（一二二〇至一二八〇）創製太一廣福萬壽宮，繼承太保劉秉忠祐祀太一六丁神，增加太一教新教法；七祖蕭天祐被賜號太一崇玄體素演道真人，也無法挽救太一教衰落的趨勢。因此，在統治王朝的變革中，終因一主之好而興，又以一主之惡而亡。

大道教

大道教創始於金初。始祖劉德仁，滄州樂陵人，號無憂子。靖康亂起，徙居鹽山，頗嘗戰亂流離之苦，因而產生強烈的憤世嫉俗的思想。同時，又受到儒家、佛教的影響，把掙脫苦海的希望寄託在宗教信仰上。於是，他自稱遇一白髮老翁（指老子）授以《道德經要言》，闡述救世大道，對己修身，對人化度，在河北一帶民眾中廣為宣傳，創立了大道教。

劉德仁創教後，即立定教規九條：

- 視物猶己，勿萌戕害凶嗔之心。
- 忠於君，孝於親，誠於人。辭無綺語，口無惡聲。
- 除邪淫，守清靜。
- 遠勢力，安賤貧，力耕而食，量人為用。
- 毋事博弈，毋習盜竊。
- 毋飲酒茹葷，衣食取足。毋為驕盈。

- 虛心而弱志，和光而同塵。
- 毋恃強梁，謙尊而光。
- 知足不辱，知止不殆。

由上可以看出，大道教是以老子思想中的「清靜無為」、「少思寡欲」、「和光同塵」、知足長樂慈儉不爭為教義；以禁世欲、禁殺生、禁飲酒、止邪念為戒律；以朔望禮拜、祈禱治病、召神劾鬼、自力耕作、苦節危行為教義；以不求他人施捨，不崇尚符籙，不涉金丹為教行。這正說明，大道教在創教初期系統地吸收了儒、墨、道家的仁、義、忠、孝、勤、儉、無為、寡欲的思想以及佛教的五戒十善的戒律，是儒、道、佛諸家思想的產物，是戰亂時期北方民眾及士大夫為求生存而提出的適應社會生活準則的宗教，是當時民眾精神依託的對象。

大道教五祖酈希誠號太玄真人，嬀川水峪人。繼承法位後，出整頽綱，使教風重振。因頗得元憲宗的支持，特改名為「真大道教」，以區別以前的大道教，酈希誠以房山為傳教基地，建立隆陽宮，廣收教徒。從此，真大道教在河北、燕京一帶興盛起來。

真大道教的特點，是以清修寡欲、謙卑自守、力作而食為教旨；以無為保正性命、以無相驅役鬼神為教行。信教者仍須正式出家，遵守教戒。真大道教流行於河北、燕京地區。所建宮觀甚多，有大都天寶宮、玉虛宮，平谷迎祥宮，房山隆陽宮，緱山先天觀，許州天寶宮，輝州頤真宮等。

全真教

全真教創立於金初，因始祖王喆自題所居庵為「全真堂」而得名。

全真教始祖王喆，原名中孚，字允卿。後改名世雄，字威德。人道後改名喆，字知明。因仰慕陶淵明的高風亮節，取道號重陽子。王喆早年舉儒生業，兼習射騎。相傳金海陵王正隆四年曾遇甘河仙人密授口訣，飲嘆神水，從此就斷絕俗念，悟道出家。在終南山腳下，建築墓穴，取名活死人墓。開始穴居修道的生活。金世宗大定七年雲游至山東寧海，遇馬鈺（道號丹陽）、孫不二，收為徒弟，從此在山東宣揚全真之道。不久，又有譚處端、劉處玄、丘處機、王處一、郝大通等來從師，王喆授以全真道法，並在文登、萊州、登州等地建立三教七寶會、三教三光會、三教玉華會、三教金蓮會、三教平等會。大定九年與弟子馬丹陽、譚處端、劉處玄、丘處機西歸陝西祖籍，病死於道中，葬於終南山劉蔣村。從此，全真道尊劉蔣村為祖庭。金章宗賜庵名靈虛觀，元太宗加封為重陽萬壽宮。元世祖至元六年封王重陽為全真開化真君；元武宗至大三年加封為重陽全真開化輔極帝君。

全真教雖由王重陽創立，而真正發揚光大其教者，實屬丘處機。丘處機字通密，號長春，山東棲霞人。十九歲出家入道，二十歲拜王重陽為師。金大定十四年穴居陝西磻溪六載，又至龍門山潛心修煉，開創全真龍門派。金章宗於明昌元年下詔禁罷全真等教，丘處機回歸棲霞。泰和八年金章宗賜所居觀名太虛觀。金宣宗貞祐二年，丘處機以宣揚「不殺不爭」、「正心純一」招安山東起義軍楊安兒，深受朝廷嘉獎，名噪一時，信道者日眾。元太祖十四年，遣使臣劉仲祿召請丘處機西上。丘處機深識政局變化趨勢，帶領弟子十八人從萊州出發，行程萬餘里，到達西域大雪山，拜見成吉思汗，以「一天下者，必在乎不嗜殺人」，勸告成吉思汗少殺生靈。並以道家傳統思想「清心寡欲為要」、「敬天愛民為本」曉喻元太祖，深得太祖器重，尊為「神仙」。回到燕京後，居白雲觀，建立「平等」、「長春」、「靈寶」等八會，開創傳戒制度，公開設壇說律戒。元統治者賜以虎符、璽書，命掌管天下道教，免除道院和道士的一切賦稅差役。因此，全真教在統治者的支持下，得以大力發展。

全真教早期以個人隱居潛修為主，不尚符籙，不煉黃白外丹方術，以「識心見性，除情去欲，忍恥含垢，苦己利人」為教宗，以性（精神）命（身體）雙修為修道的根本。全真道教理認為：「人心常許依清靜，便是修真捷徑。」注意氣功、內丹，認為：「道以無心為體，忘言為用；柔弱為本，清修為基。節欲食，絕思慮，靜坐以調息，安寢以養氣。心不馳則性定，形不勞則精全，神不擾則丹結。然後滅情於虛，守神於極，不出戶庭，而妙道得矣。」全真教祖述道家學說、老莊哲學思想，繼承和發展了兩宋以來內煉理論和方法，成為金元道教中重要派別，一直影響到明清及近代。

全真教在金元時期，比太一教、真大道教興盛、流傳長久，成為元以至明清時代道教中領教集團，其原因除了受到統治階級青睞外，更主要的首先是教徒注重文化修養，恪守戒律，遵守道規。注重自我身心修養，得到民眾的尊崇。道內法師注重教史修撰，立碑著記，影響深遠。如真常真人李志常著《長春真人西遊記》除記載丘處機西上會見成吉思汗的歷程、對答、酬唱外，還詳細地記錄了沿途的地理、民俗、政治等，對研究當時蒙古社會有很重要的價值。

其次，全真子宋披雲開鑿石龍山道教石窟，重刊《金藏》於平陽郡；秦志安撰著《金蓮正宗記》，前收鐘離權、呂洞賓，後述七真傳教，是一部早期全真教教史。其後，又把《金蓮正宗記》、《煙霞錄》、《絳仙》、《婺仙》等有關全真教史料，收集在所修撰的《道藏》一書中，保存了非常重要的資料。特別值得一提的是李道謙，他歷任重陽宮主事、京兆道門提點、陝西五路、西蜀四川道教提點。他以儒士入道，終身不曾廢棄著述，除自著《筠溪集》外，還著有《終南山祖庭仙真內傳》三卷、《七真年譜》一卷，《終南山記》三十卷、《甘水仙源錄》六卷，使全真教教史大備，成為中國道教史上重要著作。

全真教由一個有民族意識的宗教而興起，援入儒、佛，吸收二教思想，形成以道家思想為核心的三教合一的新道教派別。為了招納三方面的群眾，全真教把《道德清靜經》、《般若心經》、《孝經》列為信徒必讀經典，並教人「孝謹純一」，「正心誠意」，「少思寡欲」，注重在下層民眾中的傳教活動。同時，廣為結交中層士大夫階級，謀求上層達官貴族、皇家宗室的支持。因此，教派基礎深厚，思想意識滲透進各階層中，產生深刻的影響。這是太一教、大道教不可比擬的。

全真教後期受到官方的崇信，逐漸由一個「勤作儉食」、「求返真樸」的民眾教團，變成了出入公門，煊赫一時的官方宗教。這是道教從民間走向上層的轉折點，其本身也就走向了背叛原教旨的反面。明太祖推翻元朝統治後，全真教受到了冷遇。其後，代之而起、統一諸路道教的便是江西龍虎山張天師的正一教派。

明代正一教

以光復唐、宋漢民族統治階級政權為己任的明王朝，雖然沒有像唐、宋諸帝那樣，利用道教神化皇族統治，推崇道教為國教，但從其維護封建綱常、皇權利益的需要以及鬼神崇拜的信仰出發，也在一定程度上恢復唐宋崇道的殊制，特別對道教正一派予以扶植。

洪武七年，明太祖朱元璋敕命道士宋宗真等編纂《大明玄教立成齋醮儀》一卷，並親賜御書，制定統一的道教齋醮儀軌，簡化道派傳統的科儀。朱元璋在御製序文中論述道：「禪與全真務以修身養性獨為自己而已，教與正一專以超脫，特為孝子慈親之設。益人倫，厚風俗，其功大矣哉！」明初以來，道教諸派逐漸會歸於正一、全真兩大派。洪武十五年設立道錄司總管道教，所轄道士亦分全真、正一兩等，於此兩派中揚正一而抑全真的態度，鮮明灼然。朝廷貴戚建醮設齋，尚好扶乩降仙，對符籙道教的重視有過於金元時期。道士被授予真人、高仙的稱號，封賜官位品爵，其中絕大多數也是正一道士。明王朝命正一天師掌管天下諸路道教，正一教的地位遠較元代大為提高，並凌駕於全真派之上。

正一教被封為明王朝道教的首腦，永樂初，根據王朝清整道教的需要，第四十三代天師張宇初針對道教弊端，撰著《道門十規》一卷，列述道教源流、道門經籙、坐圜守靜、齋法行持、道法傳緒、住持領袖、雲水參訪、立觀度人等十條，涉及教義、教制各方面的重要問題，是明代重要的道教文獻。

張宇初在其道教思想中盛倡三教歸一，以心性為三教共同之源，《度人經通義》曰：「元始道之元神也，寶珠即心也，儒曰：太極；釋曰：圓覺；蓋一理也。」其解釋「太極」說：「太極者，道之全體也。渾然而無所偏倚，廓然無得形似也，其性命之本歟？性本於命，理具於性，心統之之謂道，道之體曰極。」（《峴泉集》卷一《太極釋》）這種道教哲學思想是以太極統二氣，二氣生五行為用，表示出向宋元理學思想靠攏的傾向。這種心統性命而為一太極的哲學結構，主要是博采周、程、邵、朱、陸諸家之說而建立的。而張宇初的心目中，仍以道家思想、老莊哲學為道統源流。自唐王朝有意推尊老子為道教教祖以來，都視道教是先秦道家的流衍。值明王朝，仰視道家的威望，緊抱老子為祖宗牌位，無疑有利於道教的生存和發展。所以，《道門十規》曰：「道教雖有道、經、師三寶之分，而始自太上授道德五千言於關令尹……三代以前，則黃帝問道廣成子，即太上也。及曰：生於殷末周初，在文王時為柱下史，迨武王時遷藏室史，其所著則道德上下經，其徒則有關、文、莊、列、亢、倉、柏矩之流。其言則修齊治平，富國強兵、經世出世之術互有見之矣。」正一天師以符篆、劍術為道教祈禳祓的主要手段。張天師所著《峴泉集》中有《玄問》、《丹纂要序》等文，闡述了正一派內丹、劍法、符籙之道與道家學說的淵源關係。

符、咒、籙

道教的符，不是道教特有的道術，早在西漢以前，就出現了符，以及符節、符信、竹使符、銅使符、虎符等。當時把這些符作為君臣之間、人與人之間表示徵信的器物。

符由象徵信物的作用衍變為具有預測事變的神祕色彩，是與兩漢時期社會上天人感應說、讖緯學說的興盛，以及《河圖》、《洛書》、星辰信仰的流行、影響分不開的。

早期道教中已把符文看作是上天下達的神明指令的手段，是天神給予的信行。法師們認為，「符者合也，信也。以我之神，合彼之神；以我之氣，合彼之氣；神氣無形而形於符，此作而彼應，此感而彼靈。」靈氣相通，就有靈驗。傳說正一派始祖張陵曾住陽平山，畫符投水中，龍妖即逃，從此，正一派以符圖驅邪伏魔越演越盛。

道教符圖的用法有八種：

◆**佩帶法**：正一天師將符紙折成八卦形，佩帶在身上，或用紅線紮緊，掛在脖子上。

◆**貼法**：可將符文張貼在家中門上、床頭、櫃壁、窗上。

◆**吃法**：法師把符文燒成灰、用清水沖，待沉澱後，用清水沖服。此法淵源於古代巫祝。

◆**煮法**：把符紙放在白水中煮沸，或加入中草藥中煮沸，晾冷後服用。

◆**化法**：常用火焚化之。

◆**洗擦法**：將符灰溶在盆內，用水洗擦臉部及身體。

◆**噴淋法**：法師口含符灰水，手作各種指咒，用力噴淋祈求者，以達到驅除邪氣的作用。

◆**彈點法**：用各種手勢，沾符灰水，或點、或彈信徒面部，以示祝福、驅邪。

正一派道教的符作為一種畫在紙上的象形會意的文字代表，是人與神、人與宗教世界主宰力量溝通的媒介；是宗教超靈感力的體現；是人類希求借助他力來戰勝現實社會中邪惡、災害的願望的精神力量。總之，道教的符文是多種宗教意義的集合體。

咒，是正一派天師口中常念的三言、四言的短語群，常用咒語少則數字，多則數百字。唸咒時，伴有各種手勢、劍法、步法，法師們認為這樣才能賦予符文靈驗的力量。

道教的咒語來源於先秦時期巫覡的「咒禁法」。佛教傳入後，亦多受佛徒香咒、贊偈的影響。南北朝後，咒語成了對神明讚頌、祈訴、傳令的祕語或頌詞了。唐一代，道教咒語中，多包括方言、外來語、民俗俚語。這些，對研究古代語言、語音、聲韻學、社會民俗學有一定的參考價值。

籙，通常指記錄有諸天官曹名屬佐吏的法牒，牒中必有相關的符圖咒語，又通稱法籙。是道教扶正驅邪，治病救人、助國消災的主要手段。

正一派的法籙創始於漢時的張陵，發展於北魏的寇謙之。唐朝之際，籙文就有一百二十階數百種文圖，同時用來指道門中某些齋醮儀式，如：金籙齋、黃籙齋、玉籙齋等。兩宋元明以來，由於籙圖在一般法事中沒有符、咒簡單易行，掌握起來難度較大，在道教齋醮活動中越來越喪失了實際意義和使用價值，遂逐漸消亡了。

自明朝開國後，太祖朱元璋為完成其君主獨尊的政治體制，對宗教採取了利用政策，不崇尚某一宗教，對教團嚴加檢束，防止教團勢力的發展，造成政治、經濟上的損失。首先，不準正一天師品位超越帝王之上，洪武元年，張正常天師人觀，太祖曰：「天豈有師乎？」下令改授正一嗣教真人稱謂，免去「天師」尊稱。洪武三年，又令「寺觀庵院，除殿宇樑棟門窗神座案棹許用紅色外，其餘僧道自居房舍，並不許起斗拱彩畫樑棟及僭用紅色什物床榻椅子」。其次，清整教團，去其奢侈，洪武五年詔令僧道齋醮，泛恣飲食，有司嚴治之。同時，御注《道德經》，頒天下，令道眾研習。《大政記》記載：「洪武七年御注《道德經》成，上謂儒臣，舉所謂『五色令人目盲、五音令人耳聾』與『聖人去甚、去奢、去泰』之類曰：『老子所語，豈徒託之空言，於養生治國之道，亦有助也。但諸家之注，各有異見，朕因注之，以發其義』。」另外，禁止四十歲以下男子、五十歲以下女子出家人道，規定每三年發一次度牒，府郡四十人、州三十人，縣二十人，盡量減少逃避傜役者。據《明會典》記載，洪武二十四年「令清理釋道二教，凡各府州縣寺觀，但存寬大可容眾者一所並居之，不許雜處於外，違者治以眾罪。……命天下僧道，有創立庵堂寺觀非舊額者悉毀之。」明太祖還設立道錄司，掌管天下道士，在外府州縣，則設立道紀司分管道士事。「內外道官，專一檢束天下道士，違者從本司懲治，若犯與軍民相干者，從有司懲治」，可見明王朝檢束道士是嚴厲的。終明一世，均遵循太祖遺訓，雖然出現過東派、西派的復興，南方武當道的興起，但道教的教團勢力已如強弩之末，江河日下了。

道教傳至大清帝國，清政府對其更加嚴峻、冷淡。由於新文化思想的興起，西歐近代科學技術的傳入，基督教教會的侵入，爭奪了大批的信徒，古老的宗教意識受到了衝擊，道教終於呈現出不可挽回的衰落景象。

第四章 宗教文化

自然崇拜

原始社會的人在自然界面前顯得十分渺小，他們逐漸產生了對自然物和自然力的神祕感、依賴感和敬畏感，進而對它們頂禮膜拜。自然崇拜主要有：

◆ **天象崇拜**：天象的變化對原始先民影響很大。其中對太陽的崇拜是最主要的。從連雲港將軍崖岩畫上可以看出，處於農耕時期的人們對太陽十分虔誠恭敬，禮拜者雙膝長跪，雙手舉過頭頂。另外在河南鄭州大河村仰韶文化遺址出土的大量彩陶片中，也以太陽紋的圖案最多。另外還有對月亮、星辰的崇拜。在「羲和生四日」、「羿射九日」、「日中有踆烏」、「夸父追日」、「嫦娥奔月」、「天狗吃日月」這些古老神話故事中，反映了人們當時對日月產生、運轉及日食月食現象的理解程度。天象崇拜的另一個表現就是對風雨雷電的崇拜，用以乞求風調雨順。如《山海經》中把雷神描繪成「龍身而人頭」。

◆ **山川地石崇拜**：中國古代的巫書《山海經》中認為，幾乎每一座山都是神人怪獸居住的地方。而河伯娶婦的故事則充分表現了原始人對水的崇拜。土地是原始人自身生存活動的需要，因而崇拜它。石頭是原始人的勞動工具之一，因此形成以白石為主的靈石崇拜，後世的「泰山石敢當」用以鎮邪就與早期石崇拜有關。

◆ **火崇拜**：這是一種古老的自然崇拜形式。火的使用，使人類的生活起了質的變化，所以火神備受崇拜，中國古代有燧人氏鑽木取火的傳說，燧人氏被尊為燧皇。漢族對灶神的重視，無疑是原始火崇拜的發展。中國先民在神話中還創造了火神祝融的形象。

◆ **玉魚動植物崇拜**：動物是人類的夥伴，在一定時期，人類以狩獵為生，後來又將其馴化成家畜，從而產生了動物崇拜。中國古代的馬王廟就是原始動物崇拜的遺俗。另外中國古代的四靈：麟、鳳、龍、龜，也是從動物崇拜發展而來的。對植物的崇拜則可以從月亮神話中砍不斷的桂樹得到體現：吳剛被貶到月亮上砍桂樹，但桂樹卻怎麼也砍不斷。

靈魂崇拜

山頂洞人就已經有靈魂和靈魂不死的觀念，他們在埋葬死人時常以燧石、石器、石珠、穿孔獸牙等作隨葬品，盤古開天闢地畫像磚並且在死者周圍撒以象徵生命血色的赤鐵礦粉末，這些都說明山頂洞人的靈魂觀念。

靈魂觀念是人類最早的宗教觀念之一，是人類對自身生命現象的神祕理解。因為靈魂是看不見摸不到的東西，能夠接觸的只是靈魂的象徵——屍體，所以靈魂崇拜就主要表現在埋葬和祭祀的儀式上。中國古代形成了土葬、水葬、火葬、鳥葬等喪葬形式，但以土葬為主。

圖騰崇拜

圖騰崇拜是原始宗教的一種重要形式。這是在氏族形成以後，人類不是從自身探尋自己的祖先，而是把某種與氏族生存有密切關係的自然物當作自己的始祖加以崇拜。漢代嘉祥武梁祠石刻中，華夏遠祖女媧的形像是人身蛇尾，這表明華夏先祖中的一支曾以蛇為圖騰。半坡彩陶上的人面魚紋表示了人與魚的結合，表達了人魚共祖的觀念，很可能是一種魚圖騰。

生殖崇拜

生殖崇拜表現了先民對自己的生命來源及誕生方式的看法，它所崇拜的是人的生殖器官和生殖能力。男女生殖器陶器姜嫄后稷的神話是農業生產時代的生殖神話。姜嫄大地的祖母，后稷名棄，後來成為農業神，這與土地育萬物這種廣義的生殖崇拜有關。

祖先崇拜

祖先崇拜是從靈魂崇拜的基礎發展而來的。原始人相信，祖先的靈魂對於血緣後代的作用是雙重的，既可以造福子孫，也可以降禍子孫。因此為了祖先在另一個世界同樣能生活，同時為祈求祖先的保佑從而進行祭祀，這就是祖先崇拜。中國古文獻和傳說中，記載了許多重要始祖，如女性始祖女媧，男性始祖中英雄則較多，有巢氏、燧人氏、伏羲氏、神農氏、黃帝、炎帝、太昊氏、少昊氏、顓頊、帝嚳、陶唐氏帝堯、有虞氏帝舜。

巫術與占卜

巫的起源很早，有了原始宗教活動，便有了巫師，人們借助其與鬼神溝通。巫師透過唸咒、跳舞、祭拜等手段，上達人龜甲骨卜辭的願望，下傳神的旨意，為人消災致福。最早的巫師是女性，爾後才出現男覡。巫覡的職業技能就是巫術。

占卜，卜先於占，是把龜甲或獸骨鑽孔，然後用火烤，依據所呈的裂紋形狀來推斷吉凶，也稱為龜卜。占是用蓍草數目變化的程式得出卦象，推測凶吉，稱為筮或占筮。殷墟出土的甲骨文記載了許多命辭、占卜的日期和占卜者的名字，還有兆辭、驗辭。在周朝，則出現了占卜的典籍《周易》，並形成以八卦為中心的占筮理論。

殷商尚鬼

夏、商、週三代都有鬼神崇拜，只有商朝最重視，不論事情大小，都要問神占人。但是殷人所崇拜的鬼神，實際上是自己的祖先，也就是說，殷人相信其祖青銅頭盔先死後會成為鬼神，而且能降福禍於子孫。例如盤庚遷殷之前的講話，都是以祖先神的威靈來規勸或者威脅其臣子聽從他的意見。盤庚說，我古代的祖先老過你們的祖先，而今你們又是我的子民，如果你們有害我的想法，就背叛了你們的祖先，你們的祖先就要拋棄你們，不會拯救你們。受到殷人崇拜、祭禮的人鬼還有商代名臣，如伊尹、咸戊、祖己、保衡等。由於他們曾在商朝發揮過巨大作用，所以殷人想像他們死後與先王、先公一樣具有降福的能力。

感夢求法

這也是中國歷史上關於佛教傳入中國的眾多說法中影響最大的一種。這件事情記載於《四十二章經序》和牟子的《理惑論》。東漢永平年間，有一天夜裡，漢明帝做了個夢，夢見一個神仙，其身體為金色，脖子後面有耀眼的太陽光。漢明帝心裡十分高興做了這樣的夢，第二天便召集群臣，詢問所夢神仙是何人。通人傅毅說：「臣聽說天竺得道的人，被稱為佛。可以在空中飛行，身上有太陽光芒，這大概是他的神力的顯示吧。」於是漢明帝明白了，立即派張騫、秦景、王遵等十二人，到西域的大同寺取經，是為《四十二章經》，珍藏在蘭台石室中，並在洛陽城西雍門外興建佛寺。

白馬東來

張騫等出使西域返回時，有西域僧人迦葉摩騰和竺法蘭一造成洛陽白騎白馬寺了中原，用白馬馱來了經書、佛像。東漢明帝十分高興，接白馬寺中的佛像「蒼天已死」字磚待禮儀很周到，並在洛陽城外修建精舍給他居住，後來又修建白馬寺給迦葉摩騰和竺法蘭居住，他們在白馬寺譯出了第一部佛典《四十二章經》，洛陽白馬寺成為中國最早的寺院兼譯場。

太平道

太平道是由張角創立的宗教組織。張角，東漢時冀州鉅鹿（現在河北省平鄉）人，起初信奉黃老道。黃老思想經過長期發展，形成黃老道，也就是道教的雛形，其理論主要體現在《太平經》中。太平道的理論來源就是《太平經》。張角創立的太平道時間應在漢靈帝熹平、光和年間。太平道的名字直接來源於《太平經》，所謂太平道，其意就是「行太平之道」。張角創立太平道後，即在群眾中開始布道，以符水、符咒為人治病，還廣收弟子，並派弟子四處宣傳。不久，張角建立起十萬人以上的太平道教派。西元一八四年，成千上萬的教徒聚集在一起，張角提出了「蒼天已死，黃天當立，歲在甲子，天下大吉」的口號，發動了黃巾起義。一時黃巾軍聲勢浩大，天下大亂。漢靈帝急忙調集軍隊進行鎮壓，太平道組織在東漢統治者的血腥屠殺下遭到徹底破壞，太平道也就隨著黃巾起義的失敗而終結。

五斗米道

五斗米道是天師道的前身，其創建者是張陵。張陵，字輔漢，東漢時沛國（今江蘇省豐縣人）人，本來是太學生，精通五經。後來張陵歸隱，於西元一四一年，作了道書，自稱「太清玄元」，以符水、咒法為人治病，創立張天師畫像元始天尊塑像了「五斗米道」。因為人道者必須繳納五斗米以作酬謝，所以稱作「五斗米道」。張陵於西元一四三年到達青城山，在這裡建立了二十四教區，並在各區設治頭，張陵自稱天師，掌管全教事務。張陵的五斗米道，其活動主要在巴蜀地區。張陵死後，由其子張衡承其業。張衡死後，五斗米道的領導權為張修所有，一時五斗米道聲勢甚大。黃巾起義失敗後，張角被殺，張修也躲藏起來，最後被張陵之孫張魯殺害。在張魯的領導下，五斗米道的勢力在漢中達到鼎盛。

佛道之爭

佛教是外來宗教，而道教則是中國土生土長的宗教，兩者分屬於不同的文化體系，而兩者的教義也有很大差別，兩者為爭生存空間而鬥爭，另外還有來自當時占主導地位的儒家思想的強大勢力。此時的佛教與道教、儒家的關係極為複雜。而此時產生的牟子《理惑論》，則最早體現了對這種複雜關係的思考，以及主張由獨尊儒術向儒、佛、道三者並存的轉變。在這部著作中，牟子對佛陀的評述、佛教與儒家各教禮儀的關係、佛教與孝道的矛盾、佛教神不滅論、佛教的非正統性、佛教與道教的關係等進行闡釋。其中關於佛教與道教的關係尤為突出。當時有人問：「王喬、赤松，人仙之錙，神書百七十卷，長生之事，與佛經豈同乎？」牟子答曰：「道有九十六種，至於尊大，莫尚佛道也。神仙之書，聽之則洋洋盈耳，求其效猶握風而捕影。」《理惑論》的出現，反映了佛教在漢末的快速發展，其活動受到社會各界的廣泛關注。

道安與慧遠

道安和慧遠都是魏晉時期著名的佛教學者，對中國佛教發展起了巨大的積極作用。

道安，本姓衛，十二歲出家，後師從高僧佛圖澄學習佛學，提出了「五失本」、「三不易」的翻譯原則。在中國佛教史上，道安還第一次制定了僧尼規範，並統一了僧尼姓氏，他主張僧侶全部廢除世俗姓氏，全部從佛祖以釋為姓。

慧遠，雁門樓煩人，道安的弟子。二十一歲從道安出家，曾與鳩摩羅什通信討論佛學，並作《沙門不敬王者論》，反對出家僧人禮敬帝王。主張法性不變論、神不滅論和因果報應論。把報應分為現報、生報、後報。現報為現世受報，生報為下世受報，後報為在輪迴中受報。

梁武帝尚佛

南朝各代皇帝都十分提倡佛教，其中以梁武帝為最。梁武帝原本信奉老子，即位三年後，他下詔皈依佛教，並宣稱佛教為正道，儒、道為邪道。他在宗教信仰領域提高佛教的地位，給義學僧侶很高的社會地位和十分優渥武帝像菩薩交腳像厚的生活待遇，並請他們講經說法，他自己甚至登台講經，著書立說，發揮佛理，圍剿神滅論。梁武帝廣建佛寺，著名的有智度寺、解脫寺、同泰寺等十一處；又盛造佛像，著名的有同泰寺的十方金銅像和十方銀像。梁武帝還四次捨身同泰寺為奴，由朝廷以巨額銀錢把他贖回宮中。南朝的佛教在梁五帝時達到鼎盛，當時有寺院兩千八百多所，僧尼八萬多人。

沙門敬王之爭

魏晉南北朝時期，儒、佛、道的爭辯沒有中斷過。第一次大的爭論是在東晉，圍繞沙門要不要跪拜王者這個問題展開了爭辯。在印度，佛教徒的地位很高，他們可以不拜任何世俗人而只拜佛祖，這與中國封建倫理相違背。時庾冰、何充輔政晉成帝，庾冰反佛，何充則敬佛。於是庾冰代皇下詔，命令沙門跪拜王者，以遵循封建禮教。但何充認為沙門的禮儀特殊，不必過分強迫他們。結果庾冰議敗，沙門竟不跪拜。

晉安帝時，桓玄負責國政，他下令沙門跪拜王者，因為沙門同樣受國恩，理應守國制。但透過慧遠努力調和宗教禮儀與封建綱常的矛盾，桓玄竟改變了當初的主張。這表明佛教既保持一定的獨立性，又與王權達成了妥協。

二武滅佛

魏晉南北朝時期，儒、釋、道三者的衝突不斷。其中著名的滅佛事件是北朝太武帝和北周武帝滅佛，列人中國佛教史的「三武一宗滅佛」中。

北周武帝像北魏太武帝本信佛，佛教勢力的增長嚴重影響朝廷的租調收入和兵丁勞役的需求，因為大量人力和財力流向了寺院。後來道士寇謙之遊說太武帝，於是太武帝轉而信道，再加上司徒崔浩不斷挑撥，太武帝對佛教成見日深。又加上他路過長安時，發現一寺院私藏武器，並有窟室以窩藏贓物及與貴室私通，於是太武帝決意滅佛，下詔誅殺長安沙門，焚毀佛像。

北周武帝也是在道士張賓的影響下對佛教產生了偏見。西元五七四年，北周武帝下令強制滅佛，並全部毀掉齊地寺院，將四萬所寺廟充為宅第，命僧尼近三百萬人「皆復軍民，還歸編戶」。

葛洪和《抱樸子》

葛洪，字稚川，自號抱樸子。江蘇句容人，著名的道教思想家，對中國的醫學、化學都曾作出重要貢獻，並在中國哲學史上有重要地位。葛洪一生著作豐富，以《抱樸子》影響最大。《抱樸子》內篇二十卷，從宇宙觀、本體論的角度來論證道教的神仙長生思想，葛稚川移居圖葛洪像總結了戰國以來道教名流各方面的理論，使其系統化、規範化，並在此基礎上建立起一套神祕主義的理論體系。其外篇五十卷則是對儒家思想的整合，他分析了人間得失，表達了對現實社會政治的評價。葛洪和其《抱樸子》對中國道教的最終形成和後來的興盛發展產生了深刻影響。

寇謙之改革

寇謙之，字輔真，上谷昌平（今北京）人，少年時即研習五斗米道，後來在嵩山跟隨成公興修道出家，隱居石室，採藥服食。北魏明元帝神瑞二年，寇謙之自稱太上老君下凡，明元帝授他「天師」之職，並賜道教符給他《老君音誦誡經》二十卷。而後他猛烈抨擊五斗米道的舊法，並受太武帝賜封國師稱號。寇謙之在太武帝支持下，對北朝宗教進行了改革。首先廢除了五斗米道原來在巴蜀的二十四治，然後設立道官，還規定道官收徒，必須先有三年的考驗期。第二，廢除祭酒私署治職契鰛，將舊道法「盡皆斷禁，一從吾樂音誦誡新法」。第三，廢除了祭酒道官的世襲制，「唯賢是授」。第四，廢除五斗米道的租米錢稅制度，並禁止治病濫收脆信。第五，反對濫傳房中修煉術和仙方藥餌，強調奉道守誠，禮拜齋直。寇謙之改革重整了道教組織，重建道教新規，並改變傳承制度，創立新的一套宗教教禮儀規，創立了適應北方拓跋氏統治者和漢族門閥地主階級的新天師道，並且使道教與皇權結合，正式成為官方宗教。

陸修靜道教改革

陸修靜，字元德，號簡寂，吳興東遷（今浙江吳興）人，少年時研習儒學，中年時離家，遺妻棄子，雲游名山大川，遍訪高士，廣泛蒐集道經，成為一代宗師。他採取健全三會日制度、加強「宅錄」制度、健全道官晉升制度等措施來整頓南朝道教組織，重建南天師道；他以靈寶齋為主，吸收了上清、三皇和天師道齋法，創造了「六齋十二法」，加上他早年對《靈寶經》進行了系統整理，故被認為是靈寶派的實際創始人；陸修靜還利用自己的知識和精通道教靈寶、天派諸派的優勢，對當時的道教經典進行分類編整，開創了「三洞」體例，即洞真、洞玄、洞神，他的分類方法對道教發展起了極大的促進作用。

魏晉南北朝的道教就是在諸如寇謙之、陸修靜等人的改革下，逐漸走向成熟，從民間走向了官方，與儒、佛三足鼎立。

玄奘西天取經

玄奘，俗姓陳，名褘，洛州緱氏人，因精通佛教經、律、論而被尊稱為「三藏法師」，俗稱「唐三藏」或「唐僧」。十三歲出家，二十三歲受具足戒，遊歷各地，遍訪名師。貞觀三年，玄奘從長安出發，涉流沙，過雪山，逾甘肅，出敦煌，經新疆及中亞諸國，歷盡千辛萬苦，到達當時印度佛教中心——那爛陀寺，師從戒賢學法，不久即名聲大震。貞觀十九年，玄奘結束了十七年的學習生涯，謝絕印度國王和僧俗的挽留，攜帶六百五十七部梵本佛典及若干佛像、舍利回到長安，受到唐太宗的極高禮遇，被安置在慈恩寺從事譯經。從貞觀十九年開始，玄奘先後譯出大小乘經論七十五部，一千三百五十五卷；並編著了《大唐西域記》，記述赴印度途中的所見所聞，這為研究中亞、南亞的歷史、地理和社會以及中西交通史等提供了寶貴資料。為保存玄奘由印度帶回來的佛經，唐代還專門修建了大雁塔，塔南門兩側，鑲嵌有唐太宗李世民撰寫的《大唐三藏聖教序》和唐高宗李治撰寫的《大唐三藏聖教序記》。

禪宗

隋唐時期，佛教興盛，寺院林立，從教者眾。而且此時佛教出現許多的分派，諸如天台宗、唯識宗、華嚴宗、律宗、淨土宗、密宗等，其中以禪宗的影響最大。

禪宗是一個高度中國化的佛教宗派，以「直證本心」為宗旨，又稱「佛心宗」。它淵源於印度佛教而形成於中國傳統文化中，禪宗在隋唐時期正式創立，至唐末五代時達到鼎盛。

法華經殘卷大昭寺天頂禪宗在中國的始祖是菩提達摩，其於南朝梁時來中國，傳至慧可、僧璨、道信、弘忍。五祖弘忍時，禪宗得到進一步發展，他廣收弟子，門下大師輩出，尤以神秀和慧能為突出。弘忍晚年傳法時，讓弟子各出一偈以證心意，神秀道：「身是菩提樹，心如明鏡台。時時勤拂拭，莫使有塵埃。」這反映了其漸悟的傾向；而惠能則道：「菩提本非樹，明鏡亦無台。佛性常清淨，何處有塵埃。」故此，弘忍認為惠能見解更深，於是傳位給惠能。從此，禪宗分裂為南北兩派，南派以惠能為首，北派以神秀為首。後慧能主張「見性成佛」的法門，成為中國禪宗的真正源頭。慧能寫了《六祖壇經》，也是中國僧人所撰中唯一可以稱為經的著作。慧能座下弟子甚眾，將禪宗進一步發揚廣大。

佛苯之爭

指吐蕃社會在隋唐時期佛教與原來苯教之間的紛爭。在佛教傳入西藏地區以前，這裡盛行的是「苯教」。文成公主入藏壁畫贊普禮佛圖七世紀上半葉，松贊乾布與文成公主聯姻，大力提倡佛教。後赤德祖贊即位後，又一次與唐朝聯姻，迎請金城公主人藏，並延請漢族僧人人藏講經，並收留于闐逃亡出來的僧人。但是約西元七三九年，吐蕃貴族藉口天花流行，把于闐僧人趕出吐蕃。赤德祖贊去世後，其子赤松德贊即位。當時赤松德贊年幼，吐蕃貴族為削弱王室力量，於是進行第一次「禁佛」運動。赤松德贊年長後，集權於一身，積極提倡佛教，但由於苯教盛行的象雄諸部勢力龐大，只好允許佛教與苯教並存。其後幾代吐蕃贊普也奉行這一政策。但在西元八四一年，吐蕃贊普熱巴巾被信仰苯教的貴族大臣在政變中殺害，於是發生了第二次禁佛運動，佛教受到很大打擊，直到百年後才復興。

本朝家教

唐代皇帝特別重視道教，道教因而大盛。其原因在於道教教主老子姓李，李唐皇帝尊之為同姓始祖，李淵像自稱是老君後裔，以抬高自己的社會地位和身分。這樣神化的結果就是使道教成為唐朝的「本朝家教」。早在隋大業十三年，李淵在晉陽起兵時，道士們就積極響應義軍，大肆宣傳「李氏興、天道改」，稱李淵是「真主」、「真君」。武德七年，唐高祖到終南山拜謁老子廟。貞觀十一年，唐太宗下詔定道光佛後。後因武則天信奉佛教，道教勢力稍有下降。

張果見明皇唐玄宗是唐代崇奉道教最有名的皇帝，開元十年，唐玄宗下詔修建老子廟，至開元末，共修建一千六百八十七處。唐玄宗對老子封號不斷增加。唐高宗曾於乾封元年封老子為「太上玄元皇帝」，而唐玄宗則先後加封老子為「大聖玄皇帝」、「聖祖大道玄元皇帝」、「大聖祖高上金闕玄元天皇大帝」等，命繪老子像頒之全國，命各地鑄造老子像。這些活動大大促進了道教的發展。

唐後期諸帝也十分重視道教。

藥王孫思邈

孫思邈，隋唐著名道士和道教學者，著名醫藥學家，後世尊為藥王。陝西人，二十多歲時即喜歡談論莊子，後隱居終南山，唐太宗、唐高宗曾授他以爵位官職，均被他謝絕。其醫術高明，熱心救人，一生山居著述。著作有《千金方》、《福祿論》、《攝生真錄》、《會三教論》、《保生銘》、《存神煉氣銘》等。

其醫學理論以陰陽五行與天人合一說為基礎，然後根據自然界中的災異現象來解釋人體病症，希冀從中找到病變的根源。孫思邈這種理論與道教醫學和養生一致，因此，他在養生學、醫藥學、煉丹術等方面都有傑出的成就，這與道教的理論是分不開的。在歷史上，孫思邈的理論和實踐既豐富了道教醫學理論和觀念，又促進了中國醫藥學的發展。

《開元道藏》

道藏一詞，始於唐玄宗時期，唐朝統治者為了利用道教更好地服務於其統治，於是在開元年間開始編纂《道教》一書。為了保證道教經典編纂工作的質量，唐玄宗下詔，將崇文館改為崇玄館，以培養精通道義的人才，並在全國推行道舉制度，以《老子》、《莊子》、《文子》、《列子》作為開科取士的經典。經過十年左右時間的準備，崇玄館擁有學生一百人，助教、博士各一人。這些精通道教理論的人的第一項任務，就是到全國各地收集道經，然後分類整理加工，最後彙總，編成中國第一部道教教典的百科全書《道藏》。因它編於開元年間，所以也被稱作《開元道藏》，但在當時卻被命名為《三洞瓊綱》。此書完成不久，就發生了安史之亂，這部巨著再次分散，許多道書在戰火中被毀。

景教

景教實際是基督教聶斯脫利派，傳入唐時，被稱為「大秦景教」、「大秦教」。貞觀九年，該教派阿羅本到長安，受到唐太宗禮遇，並在長安義寧坊賜建景寺一處，度僧二十一人。高宗時允許各州建置景寺，封阿羅本為鎮國大法主。後來在西安郊外出土的《大秦景教流行中國碑》上說：「法流十道，國富元休；寺滿百城，家殷景福。」這表明景教在當時是十分興旺的。

伊斯蘭教

伊斯蘭教是世界三大宗教之一，由穆罕默德在西元七世紀創立。隋唐時期，中國與大食間的海、陸交通已十分發達。陸路經波斯、阿富汗與西域，可從西北地區到達長安；海路則經波斯灣、阿拉伯海、孟加拉灣、馬六甲海峽至中國南海沿岸的廣州、泉州等地。當時有大量的阿拉伯商人在中國經商，他們便在這些地區建寺作禮拜，伊斯蘭教逐漸傳入中國，至唐高宗永徽二年，大食國派使節來長安，成為伊斯蘭教正式傳入中國內地的代表。唐朝對外交往採取開明政策，許多唐代外僑，在中國落葉生根，娶妻生子，出現了「五世蕃室」、「土生蕃室」。這些人成為中國最早的穆斯林。

大清真寺省心樓另外，隋唐時期傳入中國的還有祆教和摩尼教，但後來都被鎮壓。

元朝是中國伊斯蘭教盛行的時期。伊斯蘭教徒人數迅速增加，社會地位也大為提高。這些人與漢族、維吾爾族、蒙古族長期通婚，逐漸形成一個新的民族——回族。

伊斯蘭教徒在元朝時被稱為「木速蠻」、「答夫蠻」。在中央設立回教法官，負責教內法律的執行。在元朝時，伊斯蘭教已經從沿海外國小教發展成為政府系記的合法大教，與佛教、道教、儒教、基督教並列。當時著名的清真寺主要有泉州清淨寺、廣州懷聖寺、杭州真教寺、昆明禮拜寺等。

元代由於蒙古的西征和中西方交通的發展，有大批猶太人來華，分布於開封、大都等地區。猶太教也有所發展。猶太教在元朝時稱「術忽」、「王吾」。在杭州還建有猶太人教堂，但是，宋元時期，人們常把回回與猶太人混淆，往往把猶太教佛堂稱作清真寺。

儒佛合流

宋代雖未發生大規模的排佛、滅佛事件，但排佛之議在儒家士大夫中一直存在。朝中大僧道鬥法圖臣如范仲淹、文彥博、富弼、歐陽修、韓琦等都有排佛傾向。在這種情況下，佛教自傳入中國就不斷和中華文化融合的趨勢進一步發展，到宋代時佛教在思想上與儒學融為一體。打通佛、儒的代表人物有契嵩和智圓。契嵩，字仲靈，藤州（今廣西藤縣）人，自幼出家，博學識。他在調和佛、儒時，首先從心性論上找到兩者的結合點。他提出，心是宇宙本原，是佛教和其他一切世俗道德體系的終極依據；《壇經》中所講的人心，就是儒家的仁、義。各家只不過是從不同角度闡明人心，殊途同歸，都是勸人向善。智圓，字無外，號中庸子，錢塘人。自幼出家，二十一歲從源清受天台教觀。智圓一生清貧，不結交權貴，勤奮著述，他主張「修身以儒，修心以釋」，不能重此輕彼。這樣，儒佛在哲理上達到融通。

佛教與儒家的融合促進了宋明理學的產生。宋明理學包括程朱理學和陸王心學兩大體系，程朱主要是借助華嚴宗「四法界」的思想，構建了以「天理」為本原的哲學體系。陸王心學則更多地沿用了「心生則種種法生，心滅則種種法滅」的主觀唯心主義思想。宋明理學在佛教的催化下產生了。

帝師制度

元朝是一個多民族的政權國家，使得元代的佛教具有民族多樣性。但是，元朝統治者信奉的是藏傳佛教，因此，藏傳佛教仍舊處於發展時期。元世祖忽必烈在即位前就召請西藏地區的名僧八思巴東來，並從元受佛戒。西元一二六〇年，忽必烈即位後，便仿照西夏，賜封八思巴為國師。後八思巴於西元一二六四年以國師身分兼領總制院，成為全國的佛教八思巴像領袖和西藏地區最高軍政長官。八思巴還奉命創製蒙古新文字，他用藏文字母拼蒙古語音，西元一二六九年，新文字造成。元世祖詔令全國實行。為了報答八思巴創字之功，元世祖於是封八思巴為「帝師大寶法王」，並賜玉印。從此，元代帝師制度確立。國師之印西元一二七九年，八思巴去世，元政府賜他謚號「皇天之下、一人之上、宣布輔詔、大聖至德、普覺真智、佑國如意、大寶法王、西天佛子、大元帝師」，足見評價之高。忽必烈還令王磐撰文《帝師行狀》以歌頌八思巴之功德，並下令建八思巴寺於北京，以示紀念。

八思巴見忽必烈元朝歷代帝師均出自薩迦昆氏家族，採用叔侄相傳、兄終弟及的傳承制度。帝師制度作為一種宗教管理方式，在保證民族團結中起了重要作用，使得佛教超出了信仰的意義，成為中央和地方連繫的樞紐，而共同的宗教信仰也促進了蒙、藏、漢各民族的融合和國家的統一。但帝師由於其特殊地位，也產生了一些負面效果。

教主道君皇帝

宋朝初年，道教十分盛行，皇帝也信奉道教，企圖利用道教來神化自己，管治天下，因此，宋朝皇帝對道教的態度之好甚至超過了唐玄宗，宋徽宗趙佶像尤其是北宋第八代皇帝宋徽宗趙佶對道教特別地關心。西元一一一五年左右，宋徽宗召見道士林靈素，林靈素為迎合徽宗，故意編造說，天分九霄，而神霄最高，神霄玉清府之主是上帝長子，是長生大帝君，而宋徽宗便是長生大帝下凡；另外，天上眾多的仙官下凡協助帝君治理國家，林靈素也是其中之一；宋徽宗的愛妃是仙女九華玉真安妃的化身。宋徽宗聽後，對道教迷信至極，賜林靈素為金門羽客，自己則自稱「教主道君皇帝」，於是道教又成了國教。宋徽宗大力推行道教，在全國各地建立道觀，為道士設立道場官職，建立道教學校等。更有甚者，西元一一一九年，宋徽宗斷然廢佛，將佛教的一切名稱全部抹掉，而換以道教的稱號。後來，靖康之難後，宋徽宗被金人擄走，成為階下囚，他仍是穿著紫道袍，頭戴逍遙巾，一副道士的打扮。

陳摶老祖

陳摶是五代宋初著名道士，字圖南，號扶搖子，亳州真源（今安徽亳縣）人。年輕時曾參加科舉考試，但未成功，便隱居山水。陳摶學識淵博，著述頗豐，例如

《高陽集》、《指玄篇》等，但多已亡佚。陳摶的主要貢獻是他的易學新理論、新思路，陳摶易學的特點是從宇宙變化的角度解讀易經，而不是從人倫秩序的角度。他的這一思路對宋代理學、道教影響重大。後來周敦頤、程顥、程頤、邵雍等無不受其影響，陳摶是易學史上繼往開來的重要人物。在道教史上，陳摶是開宗的一代大師，當時宋代著名的道教學者多是陳摶的弟子，所以後世尊他為「陳摶老祖」。

全真道

全真道初創於金，因其始祖王重陽自題所居為「全真庵」而得。王重陽，原名中孚，字允卿，號重陽。王重陽早年習儒學、騎射。白雲觀後在終南山出家修道，弟子有馬鈺、譚處端。劉處玄、丘處機、王處一、郝大通、孫不二等。全真道雖由王重陽創立，但是將其發揚光大者卻是丘處機。丘處機，字通密，號長春，山東棲霞人。十九歲人道，二十歲拜王重陽為師。西元一二一九年，元太祖成吉思汗遣使臣劉仲祿召請丘處機西上。丘處機審時度時，率領十八名弟子從萊州出發，行程萬餘里，來到西域大雪山謁見元太祖。丘處機以「一天下者，必在乎不嗜殺人」，勸告元太祖，受到元太祖禮遇，並奉命管理全真教。後到北京，住在白雲觀，開創傳戒制度。後元統治者命丘處機掌管天下道教，免除道院和道士的一切賦稅。這樣，全真教得以迅速發展。在發展中，因不斷侵占佛教寺院，引起僧人不滿。在西元一二五八年的僧道辯論和西元一二八一年的再次辯論中，道士均以失敗而告終，逐漸衰落。明朝建立後，全真教受到冷遇，代之而起的是正一教。

也里可溫教

也里可溫教是指元朝剛興起時西域流行的基督教聶斯托利派和剛剛傳入的天主教方濟各教會。元人當時稱它們為十字教，蒙語是也里可溫。西元一二六〇年，馬可．波羅來華，受到元世祖忽必烈的召見，忽必烈請馬可．波羅帶信給羅馬教皇，正式提出請教皇派傳教士來華的請求。西元一二八九年，義大利傳教士孟高維諾來華，受到元成宗禮遇，並獲準在中國傳教，由此開始了他的傳教事業。至西元一三二八年，天主教信徒在中國已達三萬人。

朱元璋的佛教政策

明太祖朱元璋早年曾出家為僧，因此，對佛教有雙重情感，對佛教內部種種弊端深有認識，僧侶隊伍的龐大不僅是政府和人民的沉重負擔，而且也是社會的不安定因素。所以，明太祖對佛教採取「緊縮」政策，對度牒制度進行改革，度牒改為三年免費發放一次，進行最嚴格的考試。並清點全國寺觀，僅允許各州府保留大寺觀一處，並令僧官嚴格監督。另一方面又對佛教進行褒揚。他一生所寫的頌揚佛教的文章等多達三十六篇。

武當派

武當山是道教七十二福地之一，在明朝永樂年間，明成祖朱棣下詔定武當山為名山，並大規模營造宮觀。同時道教武當派形成。武當派的創始人是張三豐，他是元末明初人，張三豐像精通經書，明初人武當山。明太祖、成祖曾派人尋訪他而沒有成功，自此，張三豐聲名鵲起。武當派主要供奉的神是「真武大帝」，也叫「玄天上帝」。玄武，其外形似龜蛇合體，是道教尊奉的北方之神和水火之神。武當派在修煉方法上強調修煉內丹。武當派在民間有很高的威望，以張三豐的名義傳承的「武當內家拳」也流傳至今。

道教文化的擴散

明清時期，道教則有向民間發展的趨勢，並對中國文學產生了很大影響，主要體現在對中國古典小說創作的影響上。明代的《西遊記》，就描寫了孫悟空得道成仙而又被降服水陸畫中的道士形象圖，並隨玄奘西行求經。小說中按照道教的觀念，描寫了天上、人間、幽冥三界的種種形象。《西遊記》既有佛教系統和取經的故事，也有以玉皇大帝等為代表的道教情節。另一著名小說《封神演義》也深受道教思想影響，其中塑造了元始天尊、通天教主等道教形象。即使是在《紅樓夢》中也滲透著道教思想，如其中形影相隨的一僧一道兩人及其作的《好了歌》，都體現著小說的主題。專門以道教為題材的小說中較著名的是《綠野仙蹤》，是了解道教的必讀之書。

利瑪竇

傳教士在中國的傳教活動相當困難，直到利瑪竇的傳教才使基督教在中國的傳播走向高潮。利瑪竇是明末傳教士中的代表人物，他有膽識，善於交際，在中國儒士中結交了一批好友，然後他還送給官吏自鳴鐘、三稜鏡、日晷儀等，以取得他們的歡心，於是得以在南京等地建立了住院，正式傳教。西元一五九八年，利瑪竇費盡周折，得以進入北京，並把自鳴鐘、鐵絃琴等物獻給明神宗，獲得在北京居留的默許。此後，基督教徒人數迅速增加，很快達到兩千人之眾，其中包括被後代稱為中國天主教「三柱石」的徐光啟、李之藻、楊廷筠。

南京教案

南京教案發生於明萬曆年間，是基督教與中華文明的首次交鋒。萬曆四十四年，南京禮部侍郎沈淮連續三次上疏，以「崇正學」、「默異端」、「嚴華夷」為號召。但是沈前兩次上疏未獲准，於是他串聯方從哲、魏忠賢等人，先斬後奏，於西元一六一六年十一月二十一日發兵包圍南京教堂，逮捕王半肅神甫，加上此前已逮捕的謝務祿、鍾鳴禮和十三位天主教徒，及後來又逮捕的數名教徒，共計二十四人。這便是南京教案，也是中國歷史上的教案之始。南京教案不久，全國各地都出現了排教浪潮，明神宗於萬曆四十五年十二月十八日下令封閉天主教堂，放逐外國教士。傳教事業又一次遭受打擊。直到三年後，葉向高傲了宰相，沈被革職，教案才平息下去。南京教案暴露了中國文化上的排外和封建主義的自大和無知。

曆法案

明末，耶穌會傳教士湯若望編了一本《崇禎曆書》。在清初順治帝時，湯若望將該書以《西洋新法曆書》為名出版，引起吳照炫、楊光先的不滿，遭到他們的攻擊，但因順治帝寵信傳教士而沒有受到重視。及康熙幼年繼位，鰲拜獨攬朝政，楊光先再次彈劾，並捏造了傳教三條罪狀，其一便是曆法荒謬。康熙三年，湯若望、劉類思、南懷仁、安文思等傳教士被拘審。西元一六六五年，湯若望病死，其副手南懷仁仍被囚於北京。西元一六六八年，康熙帝親政，發現楊光先之錯誤甚多。於是讓南懷仁和楊光先測驗日影和星象，結果南懷仁測得準確無誤，楊光先則一竅不通。於是，康熙帝下令恢復時憲曆，歸還天主教堂房屋，恢復湯若望「通微教師」的封號。湯若望的《西洋新法曆書》又以《新法真書》為名重新刊行。西元一六九二年三月二十二日，康熙發布准天主教在中國傳播的敕令。

「十大回回保國」

明朝是朱元璋在農民起義的過程中建立的，在明朝初期，有眾多的回族人物為明朝一統全國立下了汗馬功勞。因此，民間有「十大回回保國」的說法，雖然現在無法弄清其姓名，但是可知的為明朝作出巨大貢獻的人物主要有：常遇春、沐英、賽哈督、丁德興、海原善、鐵鉉、回謙、陳大策、藍玉、海瑞、黑春、馬自強、馬世龍等。他們在明朝十分有威望和勢力，出於對這些將領和功臣的懷崇和對歸附穆斯林的關心，明朝初年的幾位皇帝對伊斯蘭教，對修建、保護伊斯蘭教活動場所比較支持。永樂三年所刻立的洪武聖旨碑、永樂五年成祖保護伊斯蘭教《敕諭》等文獻即是明證。

十個民族和兩大系統

伊斯蘭教在中國傳播並具有明顯的中國形式，這種形式是透過十個民族的形成和兩大系統的定型來體現的，這也是中國伊斯蘭教完善成型的重要代表。十大民族是指維吾爾族、回族、哈薩克族、塔吉克族、柯爾克孜族、烏茲別克族、撒拉北京東四清真寺拜殿內景元代《可蘭經》抄本族、保安族、塔塔爾等民族。在這些民族形成中國伊斯蘭教發揮積極的促進作用。這又分為兩個大的系統，即回族等族（回、撒拉、保安）和維族等族（維吾爾、哈薩克、烏茲別克、塔吉克、柯爾克孜、塔塔爾）。

清真寺

明清時期是中國伊斯蘭教建築發展的高潮期。建築也分為兩大體系，即回族地區和維族地區的清真建築。回族地區的清真建築基本上是有伊斯蘭教特徵的中國傳統建築，維族地區的清真寺建築則較多地保留了阿拉伯形式，裝飾具有鮮明的維吾爾等族藝術風格。中國現存的著名清真寺大多是明清創建或重建於明清時期的，主要有：北京的東四清真寺、錦什坊街清真寺，河北承德的清真寺，泉州清淨寺，甘肅蘭州橋門街清真寺，新疆喀什艾提卡爾清真寺，寧夏同心大寺、永寧納家戶清真寺，青海西寧東關寺，西藏拉薩的清真寺，等等。

電子書購買

國家圖書館出版品預行編目資料

總之，你們都是「儒」！儒釋道興盛與衰亡：唯道是從 × 生殖崇拜 × 帝師制度 × 排教浪潮，從學說思想到各朝教派，讀懂百家到底爭什麼 / 杜昱青，聞明，張林編著 . -- 第一版 . -- 臺北市 : 崧燁文化事業有限公司 , 2023.03

面； 公分

POD 版

ISBN 978-626-357-186-0(平裝)

1.CST: 先秦哲學 2.CST: 儒家 3.CST: 道家 4.CST: 宗教文化

121 112001834

總之，你們都是「儒」！儒釋道興盛與衰亡：唯道是從 × 生殖崇拜 × 帝師制度 × 排教浪潮，從學說思想到各朝教派，讀懂百家到底爭什麼

臉書

編　　著：杜昱青，聞明，張林

發 行 人：黃振庭

出 版 者：崧燁文化事業有限公司

發 行 者：崧燁文化事業有限公司

E-mail：sonbookservice@gmail.com

粉 絲 頁：https://www.facebook.com/sonbookss/

網　　址：https://sonbook.net/

地　　址：台北市中正區重慶南路一段六十一號八樓 815 室

Rm. 815, 8F., No.61, Sec. 1, Chongqing S. Rd., Zhongzheng Dist., Taipei City 100, Taiwan

電　　話：(02) 2370-3310　　**傳　　真**：(02) 2388-1990

印　　刷：京峯彩色印刷有限公司（京峰數位）

律師顧問：廣華律師事務所 張珮琦律師

定　　價：299 元

發行日期：2023 年 03 月第一版

◎本書以 POD 印製